新形势下大学生创新创业能力培养探索与实践

蔡静俏◎著

重庆出版集团 重庆出版社

图书在版编目 (CIP) 数据

新形势下大学生创新创业能力培养探索与实践/蔡
静俏著.—重庆:重庆出版社,2023.7
ISBN 978-7-229-17746-1

Ⅰ.①新… Ⅱ.①蔡… Ⅲ.①大学生－创业－能力培
养－研究 Ⅳ.①G647.38

中国国家版本馆 CIP 数据核字(2023)第 118435 号

新形势下大学生创新创业能力培养探索与实践
XINXINGSHI XIA DAXUESHENG CHUANGXIN CHUANGYE NENGLI
PEIYANG TANSUO YU SHIJIAN

蔡静俏 著

责任编辑:钟丽娟 刘 丽
责任校对:杨 媚

重庆出版集团
重庆出版社 出版

重庆市南岸区南滨路 162 号 1 幢 邮编:400061 http://www.cqph.com
北京四海锦诚印刷技术有限公司印刷
重庆出版集团图书发行有限公司发行
E-MAIL:fxchu@cqph.com 邮购电话:023-61520646
全国新华书店经销

开本:787mm×1092mm 1/16 印张:8.75 字数:187 千
2025 年 1 月第 1 版 2025 年 1 月第 1 次印刷
ISBN 978-7-229-17746-1

定价:68.00 元

如有印装质量问题,请向本集团图书发行有限公司调换:023-61520678

前　言

高校大学生作为未来社会的中坚力量，他们的创新和创业能力也越来越受到社会的关注。越来越多的大学生开始注重自我创新和创业能力的提升，积极探索将自己的创新成果转化为实际的商业项目。高校也积极为学生提供创新创业的平台和资源，推动学生们在学习的同时也具备了在未来创业创新的能力与意识。未来的社会需要更多有创新精神和创业能力的人才，而未来的创新和创业，更离不开高校大学生的积极参与和贡献。

基于此，本书以"新形势下大学生创新创业能力培养探索与实践"为选题，探讨相关内容。全书共分为五章，第一章高校大学生创新创业概论，内容包括创新、创业的内涵与关系，创新意识、创新思维与创业精神，创新创业的实践教学；第二章高校大学生创新创业能力培养的基础——精神培育，内容涵盖大学生创新创业精神培育的理论与特性、内容与意义、具体对策；第三章高校大学生创新创业能力培养的核心——素质提升，内容包括大学生创新创业素质的构成要素、人才培养、提升对策；第四章高校大学生创新创业能力培养的保障——指导与评价，主要论述大学生创新创业指导目标体系构建、大学生创新创业指导课程体系构建、大学生创新创业指导制度体系构建、大学生创新创业教育体系的构建及评价；第五章个性化教育背景下高校大学生创新创业能力培养的实践研究，内容囊括个性化教育与创新创业能力、个性化教育对创新创业能力培养的意义及策略、个性化教育背景下大学生创新创业能力的培养路径。

本书探讨新形势下高校大学生创新创业能力培养探索与实践，通俗易懂，重点突出，不但具有理论性，还具有实践性，对于培养大学生创新创业能力具有重要参考价值。

笔者在本书的撰写过程中，得到了许多专家学者的帮助和指导，在此向他们表示诚挚的谢意。由于笔者水平有限，书中内容难免有疏漏之处，希望各位读者多提宝贵意见，以便笔者进一步修改完善。

目　录

第一章 高校大学生创新创业概论

第一节 创新、创业的内涵与关系

在知识经济时代，知识创业已经成为新的创业模式。因此，高校有必要顺应知识经济社会发展的需要对在校大学生开展创业教育，鼓励和扶持大学生开展创新创业活动，着力培养大学生的创业意识、创新精神、创业能力和创业素质。具体来说，创新创业教育是指结合专业教育来传授创业知识，培养大学生的创业能力和创新品质，使大学生毕业后能够顺利步入社会，实现自主创业和自我发展的教育。同时，创新创业教育作为一种教育理念，应贯穿于高等学校的专业教学和课外活动之中，并以增强大学生的创业意识和培养大学生的创新思维为宗旨，让更多的大学生理解创业的含义，并具备一定的创业能力。大学生作为高素质人群，专业能力强，应该顺应知识经济时代的新潮流，在新一波创业浪潮中崛起壮大。

一、创新的内涵

创新是以新思维、新发明和新描述为特征的一种概念化过程。创新是人类特有的认识能力和实践能力，是人类主观能动性的高级表现形式，是推动民族进步和社会发展的不竭动力。

创新的社会学解释是：人们为了发展需要，运用已知的信息和条件，突破常规，发现或产生某种新颖、独特、有价值的新事物、新思想的活动。创新的本质是突破，即突破旧的思维定式、旧的常规戒律。创新活动的核心是"新"，它或者是产品的结构、性能和外部特征的变革，或者是造型设计、内容表现形式和手段的创造，也或者是内容的丰富和完善。

在我国研究与实践领域，凡属突破传统，具有开拓性的思想、行为、成果等都称为创新，即广义的创新概念，这也是国内比较倡导的一个概念。它涉及理论创新、观念创新、科技创新、体制创新、制度创新、管理创新、市场创新、文化创新、教育创新等几乎所有领域。

创新一定是人们能动地进行的首创性活动，是破旧立新、与时俱进，是一种新的价值的实现或者是新思想、新概念在实际生活中的成功运用，也可以是形成新思想、新观念和新理论的过程，更可以是一种精神境界。

二、创业的内涵

创业概念的提出与经济发展密切相关，创业往往和大学生的就业问题联系在一起。虽然创业一直备受关注，但对创业的内涵还没有一个统一的认识，不同的学者从各自的视角对创业的内涵有不同界定。

"创业"一词在我国社会真正得到广泛应用，是 20 世纪 80 年代之后，市场经济体制逐渐取代计划经济体制，商品经济快速发展为老百姓提供了许多发财致富的"创业之路"。创业作为一种新兴的经济活动吸引了众多专家、学者的眼球，成为他们研究的对象。目前对创业的定义大致可以归纳为三种不同的类型，即价值说、功利说和实体说。三者的差异表现在对创业实质的理解上，即分别认为创业是"创造价值""创造财富或利润""创建企业"。

创业是一个横跨经济学、社会学、管理学、人类学、心理学等多个学科的复杂概念。尽管下一个明确的、广为接受的定义非常困难，但进行尝试还是很有必要的。在总结、借鉴前人研究成果的基础上，笔者结合国内实际，从广义和狭义两个角度对创业进行界定：广义的创业是指人类创造新事业的活动，包括一切具有开拓意义的社会变革行为；狭义的创业将创业界定为一个过程，在此过程中，创业者（包括个人或团队）作为主体，利用一切外界资源和力量去寻求机遇，通过创办企业去创造价值并谋求发展。

三、创新与创业的关系

（一）创新是创业的原动力

创新理论的奠基人熊彼特认为，所谓"创新"，就是"建立一种新的生产函数"。也就是说，把一种从来没有过的关于生产要素和生产条件的"新组合"引入生产体系。创新是赋予资源以新的创造财富的能力的行为，是系统地抛弃昨天，在市场薄弱的地方、在新知识萌芽的时期、在市场的需求和短缺中寻找新机会。这也是创业必需的精神。

从概念上讲创新是以新思维、新发明和新描述为特征的一种概念化过程。它有三层含义：①更新；②创造新的东西；③改变。创新是人类特有的认识能力和实践能力，也是一个人快速成长的推动力。从认识的角度来说，创新就是更有宽度、更有深度地观察和思考这个世界；从实践的角度来说，创新就是能将这种认识作为一种习惯融入日常的学习工作中，做到每时每刻都在创新，所以创新是无限的，也是无止境的。创业者要明确创新的概念并将这种创新思维进行内化，才能够使创业符合实践。

创新在经济、社会、科学等的研究中有着举足轻重的地位。而在创业中，创新同样有着举足轻重的地位，许多公司把创新能力作为考察员工能力的一个重要方面。在创业的道路上，创新可以为发展做更好的铺垫，使前进的道路更加简单、更加方便。总体而言，广义的创新力求将科学、技术、教育等与经济融会起来，表现为不同参与者和机构（包括企业、政府、学校、科研机构等）之间交互作用的网络，任何一个网络节点都可能成为创新行为实现的特定空间。狭义的创新，就是把技术和经济结合起来，涉及从新思想产生到产品设计、生产、营销和市场化等一系列行动。

不是所有的创业活动都能够成功。创业的过程是艰难的，不可能一蹴而就，更不会一帆风顺。因此，需要有创新精神，让创业得到更好地实施，首先，要敢于标新立异，不能墨守成规，要有开放的思想，要有快速发现问题的能力，在工作或学习中多多思考，凡事不能浅尝辄止；其次，要有敢于提出问题的勇气，要大胆设想，敢想敢做，但不是鲁莽地去做，一定要建立在经过仔细思考的基础上，从而做到理性创新；最后，创业过程中最可贵的精神是不轻易说"不"。要相信自己，不怕失败。失败与成功，失去与得到，总是相对的。有付出，才有收获。在创新的过程中，一时的失败是常有的。面对失败，既不应退缩，更不能放弃。屡遭挫折，只要不屈不挠，坚持不懈，总能走向胜利。真正的失败往往是一次失败之后便失去了斗志，从此一蹶不振。

（二）创新与创业相辅相成

创业与创新是两个不同的领域，将二者放在一起强调，是因为二者关系密切。创业是创新的载体，创新是创业的动力。从创业和经济学的角度来看，创新的目的是支持企业生产出消费者愿意购买的商品。基于此，"双创"的意义在于支持各类市场主体不断开办新企业、开发新产品、开拓新市场，培育新兴产业，形成小企业铺天盖地、大企业顶天立地的发展格局，实现创新驱动发展，打造新引擎，形成新动力。同时强调，推进大众创业、万众创新，是扩大就业、实现富民之道的根本举措。可见，"双创"促进更多的人创业，兴办更多的企业，并创造更多的就业机会。而创业的动力则是创新，通过"双创"共同发力，形成经济发展的新动能。

创业是创办企业，为市场上的消费者生产产品或提供服务。创业者只有从消费者的需求出发，生产或提供满足消费者需要的产品或服务，才能生存并发展下去。换言之，创业能否满足消费者的需求，取决于产品是否有用、是否好用、价格是否合理、是否新颖、是否与众不同、是否方便购买等。为此，创业者要在产品功能、质量、成本、设计、生产工艺、生产流程、销售方式等方面不断适应消费者的需求变化，不断创新。因此，创业者必须创新，以创新推动企业的发展。

创新对创业者来说，不是科技发明，而是技术应用创新，是开发新的产品，采用新的生产方法和新的工艺流程，构建新的组织形式，采取新的营销模式，以便适应消费者追求新产品、个性化产品、高性价比产品、便利购买产品的诉求。新产品的开发可以满足消费者变化的需求，消除审美疲劳；个性化产品的生产可以满足消费者与众不同的差异化需求；高性价比的产品可以使广大消费者以合理的价格买到质量稳定的产品；便利购买的产品可以使消费者方便获得产品，节约时间和成本。

创业不等于创新，创新也不等于创业，两者有明确的研究边界，但并非相互独立，而是有着不可分割的内在联系。首先，创新是建立一种新的生产函数，是引进生产要素的"新组合"；而创业则是这种"新组合"实现市场化或产业化的过程。其次，创业的关键在于创新，创新是创业的源泉，持续创新必然推动和成就创业成果的商品化、市场化，因而创业使得创新的经济价值、社会价值得以实现。最后，创业与创新呈现出越来越显著的融合趋势，这种融合是一个动态整合、集成的过程，并非只发生在新企业启动或创建阶段，而是贯穿创业成长的整个过程。在这一过程中，创新精神、创业能力和市场意识始终是创业成功和持续成长的内在动力。

四、大学生创新创业

"大学生是创新创业的主要力量之一，培养大学生的创新创业能力，是目前各高校对大学生综合能力培养的重要方面。"[①] 从广义上来讲，大学生创新创业即是在高校师生间展开的一场创造新事物，创出新思维的实践活动；从狭义上来讲，大学生创新创业是为解决高校毕业生就业及未来发展的教育创新的实践活动。大学生创新创业的内容形式多样，与大学生创新能力、创业素养的活动和内容有关的都是大学生创新创业的内容。大学生创新创业可以从三个方面来归纳分类。

第一，从品质属性来看，大学生创新创业即大学生在进行创新创业实践活动中的素养

[①] 郑海云. 培养大学生创新创业能力的课程体系构建[J]. 山西青年，2022（19）：145.

及精神，包括创新意识、创造能力、创业素养及思维理念、责任心、自制力等。其中最为重要的是创新意识和创业精神，只有拥有正确的创新意识和创业精神才能实现人生事业成就，实现国际发展、民族复兴。

第二，从内涵知识范围来看，大学生创新创业是包括创造力心理学、风险营销学、管理学、经济学等多学科的知识复合体，大学生在进行创新创业的实践中首先要掌握好知识的构架，打好基石，才能拥有过硬的创新创业素养。

第三，从实践方式方法来看，大学生创新创业是大学生创新创业能力的一种体现，其中包含管理分析能力、领导能力、观察能力、写作能力等。最为关键和重要的便是实践能力，实践是大学生完成创新创业的唯一途径。良好的实践能力是促进大学生创新创业成功的有力保障。

第二节 创新意识、创新思维与创业精神

一、创新意识

(一) 创新意识的内涵

创新意识是人们根据现实发展的需要，创造前所未有的事物或产生新的观念，并在创造活动中表现出愿望和设想。它是人类意识活动的一种表现形式，推动了人类进行富有成果性和积极性的创造，是人类产生创新能力的前提。创新意识作为一种心理动机，促使人们进行创造性的活动。只有具备了创新意识的人才能进行创造，一个人如果没有创新意识，就只能进行重复的、机械的劳动，不能推动社会的发展和人类的进步。人具备创新素质的首要前提是具备创新意识，它不仅仅表现在科技产品、思想行为的创新方面，还表现在对待问题的思维方式的创新方面。人云亦云式的思维方式无助于创新意识的培养，一个人如果容易受到他人影响，对事物不能进行独立的思考，那么创新就更无从谈起了。

创新是指在人类物质文明、精神文明等一切领域、一切层面上淘汰落后的思想和事物，创造先进的、有价值的思想和事物的活动过程。

创新意识可以概括为人们对创新与创新的价值性、重要性的一种认识水平、认识程度以及由此形成的对待创新的态度，并以这种态度来规范和调整自己的活动方向的一种稳定的精神态势。创新意识总是代表着一定社会主体奋斗的明确目标和价值指向性，成为一定

主体产生稳定、持久的创新需要与价值追求、思维定式以及理性自觉的推动力量，成为唤醒、激励和发挥人所蕴含的潜在本质力量的重要精神力量。

1. 创新应契合创新意识特点

创新意识一般具有新颖性、社会历史性、个体差异性等特征。新颖性表现在用新的方式更好地满足原来的社会需求；社会历史性表现在以提高物质生活和精神生活水平需要为出发点，这在很大程度上受当时的社会历史条件制约，同时，创新意识激起的创造活动和产生的创造成果，应为人类进步和社会发展服务；个体差异性表现在人们的创新意识往往和个体的社会地位、文化素质、兴趣爱好、情感志趣等相对应。

2. 创新意识构成推动创新发展

创新意识由创新需要、创新动机和创新兴趣三部分构成。创新需要是创新的原动力，激发人们对创新的追求。按照马斯洛的需求层次理论，创新需要属于人的自我实现需要范畴，是人的一种高层次需要。创新动机是引发人们创造活动的动力因素，推动人们创造性活动的开展，激励人们创造性活动的持续进行，按创造动机产生的根源可分为内部动机和外部动机。创造兴趣是促使人们积极探求新奇事物的一种心理倾向。创新源于兴趣驱动，也就是说没有产生创新的兴趣，也就不可能产生创新的想法，更不可能形成创新的意识。

（二）创新意识的作用

第一，创新意识是决定一个国家、一个民族创新能力最直接的精神力量。在今天，"创新能力"实际就是国家、民族发展能力的代名词，是一个国家和民族解决自身生存、发展问题能力大小的客观和重要的标志。

第二，创新意识促成社会多种因素的变化，推动社会的全面进步。创新意识根源于社会生产方式，它的形成和发展必然进一步推动社会生产方式的进步，从而带动经济的飞速发展，促进上层建筑的进步。创新意识进一步推动人的思想解放，有利于人们形成开拓意识、领先意识等先进观念；创新意识会促进社会政治向更加民主、宽容的方向发展，这是创新发展需要的基本社会条件。这些条件反过来又促进创新意识的拓展，有利于创新活动的进行。

第三，创新意识能促成人才素质结构的变化，提升人的本质力量。创新实质上确定了一种新的人才标准，它代表着人才素质变化的性质和方向，输出一种重要的信息：社会需要充满生机和活力的人、有开拓精神的人、有新思想道德素质和现代科学文化素质的人。它客观上引导人们朝这个目标提高自己的素质，使人的本质力量在更高的层次上得以确证。它激发人的主体性、能动性、创造性，从而使人自身的内涵获得极大丰富和拓展。

（三）创新意识的重要性

创新是成为高新人才应该具备的基础素质，也是新时代的一张通行证。大学生缺乏创新就会缺乏竞争力，更谈不上自身价值的提升。因此，创新的重要性是每位大学生都不可忽视的。创新对大学生个体品格的养成起着重要作用，因为它激发的是一个人最具价值的能力和向人生更高层次发展的直接动力。

1. 创新是大学生获取知识的关键

在日益更新的知识经济时代，如何对知识进行选择、整合、转化、运用，这比单纯的知识学习更为重要。大学生需要掌握的是那些涉及学科交叉，概括程度高、迁移程度高的核心知识，而这些知识的学习不能仅仅靠教师的讲授，还需通过学生发挥主观能动性，提升创新能力进行再创造。

2. 创新是大学生终身学习的保证

高等教育正在由精英教育向素质教育转变、由阶段教育向终身教育转变，随着招生人数的增多，学生的学习能力将成为其生存、竞争、发展、完善的基础和需要。大学生要根据自身条件和外部条件，运用创新思维，不断完善知识和能力结构，提升自己的学习能力，完善自我，为终身教育积攒力量。

二、创新思维

创新思维是创新过程中的关键因素，是一种积极的、智慧的、策略性的思维方式。创新思维促进知识的融会贯通，促进知识优化组合，决定着一个人的发展前途，作用重大。创新理论是人对思维客体的理解和把握。思想先行，理论指导，观念推动，是社会历史发展的基本要求。

（一）创新思维的内涵

所谓创新思维（或称创造性思维），就是创新的意识、开放的心态，突破各种思维定式的束缚进行思考，并产生创新成果的思维。简明地说，就是不受现成的、常规的思路约束，寻求对问题全新的、独特的解决方法的思维过程。这里所说的创新成果，主要是指对事物的新认识、新判断和解决问题的新方案、新途径等"思维的创新产物"。

创新思维不是一般性思维，它不是单纯依靠现有的知识和经验进行抽象和概括，而是在现有知识和经验的基础上进行想象、推理和再创造，对前人尚未解决的问题进行探索、寻究，找出新答案的思维活动，是一种具有开创意义的思维活动，即开拓人类认识新领域、开创人类认识新成果的思维活动。创新思维不是天生就有的，它是人们通过学习和实践而不断培养和发展起来的。一项创新思维成果往往要经过长期的探索、刻苦的钻研，甚至多次的挫折方能取得，而创新思维能力也要经过长期的知识积累、素质磨砺才能具备。至于创新思维的过程，则离不开繁多的推理、想象、联想、直觉等思维活动。

创新思维，不仅可以提示客观事物的本质和规律性，而且能在此基础上产生新颖的、独特的有社会意义的思维成果，开拓人类知识的新领域。广义的创新思维是指思维主体有创见、有意义的思维活动，每个正常人都有这种创造性思维；狭义的创新思维是指思维主体提出新的假说、创见新的理论、形成新的概念等探索未知领域的思维活动，这种创新思维是少数人才有的。创新思维是创造成果产生的必要前提和条件，而创造则是历史进步的动力。

（二）创新思维的特征

1. 求实性

创造源于发展的需求，社会发展的需求是创造的第一动力。创新思维的求实性体现在创新者善于发现社会的需求，发现人们理想与现实之间的差距，从满足社会的需求出发，扩展思维空间。而社会的需求是多方面的，有显性的和隐性的。显性的需求已被世人关注，很难创新，而隐性的需求则需要创造性的发现。商城中常常出现"跟风"现象，很多商家一旦发现什么商品利润大，便紧随其后组织货源进行销售，结果常常是市场上这类商品供大于求，不但不能盈利而且还造成亏损。具有创新思维的商家将预测学的原理运用于经营之中，通过对信息的收集筛选与分析判断，得出符合事物发展规律的结论，进而制定相应的策略。

2. 批判性

知识是有限的，而世界上的事物是无限的，其发展又是无止境的。无论是认识原有的事物还是未来的事物，原有的知识都是远远不够的。因此，创新思维的批判性首先体现在创新者敢于用科学的怀疑精神对待自己和他人的原有知识，包括权威的论断，敢于独立地发现问题、分析问题、解决问题。创新思维的批判性还体现在敢于冲破习惯思维的束缚，敢于另辟蹊径、独立思考，运用丰富的知识和经验，充分展开想象的翅膀，这样才能碰撞出创造性的火花。

3. 连贯性

创新思维具有连贯性。一个勤于思考的人，越进入创新思维的状态，就越容易激活潜意识，从而产生灵感。只有勤于思考才能善于思考，才能及时捕捉住具有突破性思维的灵感。创新者在平时就要善于从小事做起，进行思维训练，不断提出新的构想，使思维具有连贯性，保持活跃的态势。目前对创新的理解还存在一些误区，比如认为创新具有偶然性。实际上，每一次的创新看似偶然而绝非偶然，偶然是必然的结果。

4. 灵活性

创新思维具有灵活性，这表现为创新者思路开阔，善于从全方位思考，若遇难题受阻，不拘泥于一种模式，能灵活变换某种因素，从新角度去思考，调整思路，善于巧妙地转变思维方向，随机应变，想出适合时宜的办法。创新思维的灵活性体现为以下多种思维方式：

（1）辐射思维。即以一个问题为中心，思维路线向四面八方扩散，形成辐射状，找出尽可能多的答案，扩大优化选择的余地。

（2）多向思维。即从不同的方向对一个事物进行思考，更注意从他人没有注意到的角度去思考。

（3）换元思维。即根据事物多种构成因素的特点，变换其中某一要素，以打开新思路。

（4）转向思维。即思维在一个方向停滞时，及时转换到另一个方向。

（5）逆向思维。即从对立的相反的方向思考，寻找新的突破路径，从而将二者有机结合起来。

（6）原点思维。即从事物的原点出发，从而找出问题的答案。

（7）连动思维。即由此及彼的思维，连动方向有三种：①纵向，看到一种现象就向纵向思考，探究其产生的原因；②逆向，发现一种现象，就想到它的反面；③横向，发现一种现象，能联想到与其相似或相关的事物。

5. 跨越性

创新思维的思维步骤、思维跨度较大，具有明显的跨越性。创新思维的跨越性表现为跨越事物"可见度"的限制，能迅速完成"虚体"与"实体"之间的转化，加大思维前进的"转化跨度"。

6. 综合性

任何事物都是作为系统而存在的，都是由相互联系、相互依存、相互制约的多层次、多方面的因素，按照一定结构组成的有机整体。这就要求创新者将事物放在系统中进行思考，进行全方位、多层次、多方面的综合分析，而不是孤立地观察事物，也不只是利用某一方法思考，而应是多种思维方式的综合运用。这种"由综合而创造"的思维方式，体现了对已有智慧、知识的"杂交"和升华。

（三）创新思维的方法

1. 逻辑思维与形象思维

形象思维是用直观形象和表象解决问题的思维。形象思维的原理是神经结构与外部事物建立起映射关系，只要激活了这群细胞，就会产生与看到、听到外部对象一样或类似的心理感受。人脑具有自组织学习能力，通过这种学习能力，逐渐建立起世界图景，这个世界图景是在多次反馈中形成、修正、发展起来的，经过实践的检验，这个图景逐渐符合外部世界的真实面貌而具有预测能力，然而这个图像并不是有形的，而只是一种一一对应关系。在人类还没有产生语言文字之前，动物或人类只有通过形象思维去认识世界，但是人们依然具有想象能力、理解能力、观察能力、学习能力、记忆能力、情感运用能力，依然能够进行大部分生活，能够活得很好。

逻辑思维也称为抽象思维，与抽象思维的定义密切相关的是分析、综合、归纳、演绎。逻辑思维源于语言，由于语言的产生，人们对感性的概念有了指代的对应关系，好处是人们可以通过语言表达和交流思想，传达指令，描述事件。由于概念与概念之间客观固有的逻辑关系，人们在概念之间建立了分类、范畴等逻辑关系，并且运用语言来描述这种关系。更进一步的推理是形式逻辑产生之后才逐渐清晰的，推理能力大大提升了人们运用知识的能力，使人们能够举一反三、融会贯通。逻辑思维是客观存在在主观中的表达，是必然产生的，也是人类智慧发展的结果。

形象思维是原生的，逻辑思维主要是依靠后天培养的。从重要性上来说，形象思维的重要性远远大于逻辑思维，人的逻辑思维是建立在形象思维的基础上的，这就好比土壤和植物，没有形象思维的土壤，植物只能是枯木。形象思维不像抽象（逻辑）思维那样，对信息的加工一步一步地、首尾相接地、线性地进行，而是可以调用许多形象性材料，一下子合在一起形成新的形象，或由一个形象跳跃到另一个形象。它对信息的加工过程不是系列加工，而是平行加工，是面性的或立体性的。它可以使思维主体迅速从整体上把握住问题。

逻辑思维与形象思维不同，它不是以人们感觉到或想象到的事物为起点，而是以概念为起点进行思考，再由抽象概念上升到具体概念。形象思维是或然性或似真性的思维，对问题的反映是粗线条的反映，对问题的把握是大体上的把握，对问题的分析是定性的或半定量的，思维的结果有待于逻辑的证明或实践的检验。所以，形象思维通常用于问题的定性分析。抽象思维可以给出精确的数量关系，在感觉所看不到的地方去抽取事物的本质和共性，形成概念，这样才具备了进一步推理、判断的条件，没有抽象思维，就没有科学理论和科学研究。所以，在实际的思维活动中，往往需要将抽象思维与形象思维巧妙结合。

2. 直觉思维与灵感思维

直觉思维是人脑对客观世界及其关系的一种非常迅速的识别和猜想。它不是分析性的、按部就班的逻辑推理，而是从整体上做直接把握。在直觉思维下，人们不仅利用概念，而且利用模型和形象。大脑中储存的各种"潜知"都被调动出来，它们不一定按逻辑的通道进行组合，而往往用一种出乎意料的方式造成新的联系，用以补充事实和逻辑链条中的不足。在科学发现中，下意识活动的主要形式是直觉，创造过程达到高潮时产生的特殊体验是灵感。直觉这种思维形式和灵感这种情绪体验常常相伴随而出现。与直觉思维相适应，灵感的产生常常是不期而然的。

虽然直觉是难以预期的，但直觉思维需要一定的主客观条件。这些条件是：有一个能解决的问题，问题的解决已经具备了相关的客观条件，研究者执着地探求问题的答案，并且经历了一段紧张的思考。机遇常常在此基础上起着推动作用，使人们在探索中产生新的联想，打开新的思路，从而实现某些顿悟。由于直觉以凝缩的形式包含了以往社会和个体的认识发展成果，因此，它归根到底是实践的产物，是持久探索的结果。

尽管直觉思维不同于逻辑思维，但在科学理论的创造和发展中，两者之间存在着互为补充的关系。在直觉产生以前，人们总是在前人铺就的逻辑大道上行走。一旦逻辑通道阻塞，产生了已有知识难以解释的矛盾，才会出现对直觉的识别和猜测。由直觉得到的知识还要进行逻辑的加工和整理。直觉只是某种揣测，它的正确性应当通过随后的研究来验证，从揣测引至逻辑结果，进一步把这些逻辑结果跟科学事实相对照，并把它纳入一个完整的理论体系。如果不进行逻辑处理，原封不动地把直觉思维产生的思想火花显现于世，即使这是可能的，也不会有说服力。严密的科学要求人们把他的成果用准确的语言、文字、公式、图形表示出来，构成系统知识，直觉的毛坯不能作为科学成品。

由于直觉的非逻辑性，人们常常分析灵感，通过了解灵感，在科学活动中自觉地激发灵感，产生直觉，获得创造性的科学成果。长期的艰苦劳动和执着探索，是产生灵感、获得成功的基础。发明是百分之一的灵感加上百分之九十九的汗水。可以进一步说，若没有百分之九十九的汗水，就不可能产生百分之一的灵感。应当强调，灵感产生的前提条件，就是科学家执着于创造性地解决问题。要做出科学发现，不能不对问题的解决怀抱强烈的愿望。他要翻来覆去地考虑问题的各个方面，掌握与该问题有关的各种资料。所以，灵感是长期艰辛劳动的结果。唯其如此，才能不失时机地抓住那些富有启发的东西，产生灵感，成为独具匠心的发现者。

灵感属于无意识活动范畴，它的进行和转化为意识活动，需借助一定的心理条件。灵感是突发的、飞跃式的。对于瞬息即逝的灵感，必须设法及时抓住，牢记于心，不要让思想的火花白白浪费了。许多科学家都养成了随时携带纸笔的好习惯，记下闪过脑际的每一个有独到见解的念头。科学发现有赖于灵感，是无意识活动参与进行的。那么，非常重要的，就是对无意识形成的结果做出选择，抛弃不合适的方案，从而得到真正的科学发现。

3. 正向思维与逆向思维

正向思维就是人们在创新思维活动中，沿袭某些常规去分析问题，按事物发展的进程进行思考、推测，是一种从已知到未知，通过已知来揭示事物本质的思维方法。这种方法一般限于对一种事物的思考。正向思维应充分估计自己现有的工作、生活条件及自身所具备的能力，了解事物发展的内在逻辑、环境条件、性能等。这是自己获得预见能力并保证预测正确的条件，也是正向思维法的基本要求。

逆向思维法是指从事物的反面去思考问题的思维方法。

（1）逆向思维的特点。逆向思维具有普遍性、批判性、新颖性等特点。

第一，普遍性。逆向思维在各种领域、各种活动中都有适用性。由于对立统一规律是普遍适用的，而对立统一的形式又是多种多样的，因此，有一种对立统一的形式，相应地就会有一种逆向思维的角度。所以，逆向思维也有多种形式，如性质上对立、两极的转换，如软与硬、高与低；结构、位置上的互换、颠倒，如上与下、左与右。不论哪种方式，只要从一个方面想到与之对立的另一方面，都是逆向思维。

第二，批判性。逆向是与正向比较而言的，正向是指常规的、公认的或习惯的想法与做法。逆向思维则恰恰相反，是对传统、惯例、常规的挑战。它能够克服思维定式，破除由经验和习惯造成的僵化的认识模式。

第三，新颖性。循规蹈矩的思维和按传统方式解决问题虽然简单，但容易使思路僵化，摆脱不掉习惯的束缚，因而得到的往往是一些司空见惯的答案。其实，任何事物都具有多方面的属性。由于受过去经验的影响，人们容易看到熟悉的一面，而对另一面却视而不见。逆向思维能克服这一困难，其结果往往出人意料，给人耳目一新的感觉。

（2）逆向思维的表现形式。逆向思维主要有以下几种表现形式：

第一，原理逆反。科技史上有些重大的创新发明，其起源就是对事物原理的逆反思考。

例如，1877 年爱迪生在试验改进电话时发现：传话器里的音膜随着声音能发生有规律的振动。那么，同样的振动是否能转换成原来的声音呢？根据这一想法，爱迪生发明了人类第一台会说话的机器——留声机。

现代生活用的吸尘器，其原理也是与常规方式相反的。通常桌子、物品上积了灰尘，都是用"吹"的方式将其清除。地面上的灰尘垃圾，如果也用"吹"法清除，势必弄得满屋子尘土飞扬。于是就反过来，吸尘器便得以诞生。

第二，功能逆反。功能逆反是从事物既有功能的反面出发来思考问题，寻求解决问题的新方案。

例如，原联邦德国某造纸厂，因工人疏忽，在生产过程中少放了一种胶料，制成了大批不合格的纸。用墨水笔一写，字迹就化开。如果这批纸全部报废，就会给公司带来重大的损失。造成失误的工人拼命地想：有没有什么好的补救办法呢？有一天，工人漫不经心地把墨水洒在桌子上，他顺手拿起几张这种不合格的纸来擦，结果墨水被吸得干干净净。"变废为宝"的念头在他的脑中一闪而过。最终这批纸被当作吸墨水纸全部卖了出去。后来，又有人做了个带把的船形架，把墨水纸装在上面，于是，一个新发明"吸墨器"就诞生了。

第三，结构逆反。结构逆反是将已有事物的结构形式进行相反的考虑，通过结构的位置调整产生新的结构方式，以期实现事物性能的某种优化。

例如，在日常生活中，煮饭做菜都是锅架在火的上方，夏普公司开发的电烤箱同样是热源在下面，需烤制的鱼或肉放在上面。这种结构形式在加热过程中必然会产生这样的问题：鱼、肉经烘烤而析出的油脂要往下滴，掉在电热丝上便会产生大量焦烟，污染环境。技术人员想了不少办法，最好的方法就是做简单的结构变换，让加热用的电热丝装在烤箱上部，所烤食品置于下方，这样即便鱼、肉掉下去也不会接触电热丝，烟雾的困扰不复存在。

传统的木工刨床是刨刀在固定的位置旋转着，待加工的木料由工人用手将其推向刨刀，这种机械稍有不慎便会导致手指伤残。国内外一些木工机械专家为了防止工伤，提出了包括借助光电技术在内的各种防护措施，然而皆不能解决根本问题。只读了一年半小学的农村木工李林森，运用逆向思维方法，改变了刨床的传统结构，设计出让木料固定不动，刨刀来回移动的新型刨床。这样在加工过程中就不用以手持木推行，减少了工伤发生的机会。

第四，特性逆反。一个事物的特性是丰富多彩的，其中有不少特性是彼此对立的，或者是成对的。比如软与硬、滑与涩、干与湿、直与曲、柔与刚、空心与实心等。以特性逆反进行创新就是有意地以某一属性的相反特性去尝试取代已有的特性，即逆化已有的特性，从而达到与众不同的目的。

例如，洗衣机的脱水缸，它的转轴是软的，用手轻轻一推，脱水缸就东倒西歪。可是脱水缸在高速旋转时，却非常平稳，脱水效果很好。设计之初，工程技术人员为了解决脱水缸的颤抖和由此产生的噪声问题，先加粗转轴，无效；后加硬转轴，仍然无效。最后，他们弃硬就软，用软轴代替了硬轴，运用逆向思维成功地解决了颤抖和噪声两大问题。

第五，程序逆反。程序逆反指在操作顺序上找到事物既有程序的逆反面，通过程序发生原理及时间的逆反实现对事物的改造。

例如，近年来一些农村进行的反季节蔬菜瓜果的生产，就是利用生产程序的"时间差"来争得经营优势的。

传统的破冰船，都是依靠自身的重量来压碎冰块的，因此它的头部都采用高硬度材料制成，而且设计得十分笨重，转向非常不便，所以这种破冰船非常害怕侧向漂来的流水。苏联的科学家运用程序原理的逆向思维方法，变向下压冰为向上推冰，即让破冰船潜入水下，依靠浮力从冰下向上破冰。新的破冰船设计得非常灵巧，不仅节约了许多原材料，而且不需要很大的动力，自身的安全性也大为提高。遇到较坚厚的冰层，破冰船就像海豚那样上下起伏前进，破冰效果非常好。

第六，观念逆反。随着社会的发展和科学技术的进步，许多旧观念、老观念都会有巨大变化，如能有意识地对习以为常的观念和认识做相反的探索，必定会有新的启迪。

4. 发散思维与聚敛思维

（1）发散思维。发散思维也叫多向思维、辐射思维或扩散思维。它是指在对某一问题或事物的思考过程中，不拘泥于一点或一条线索，而是从仅有的信息中尽可能向多方向扩展，而不受已经确定的方式、方法、规则和范围等的约束。

第一，发散思维的特征。美国心理学家吉尔福特在对创造力进行详尽分析的基础上，提出了"智力三维结构"模型。第一维指智力的内容，包括图形、符号、语义和行为四种。第二维指智力的操作，包括认知、记忆、发散思维、聚合思维和评价五种。第三维指智力的产物，包括单元、类别、关系、系统、转化和蕴涵六种。

吉尔福特认为，创造性思维的核心就是上述三维结构中处于第二维度的"发散思维"。它的特点：一是"多端"，对一个问题可以多开端，产生许多联想，获得各式各样的结论；二是"灵活"，对一个问题能根据客观情况变化而变化；三是"精细"，能全面细致地考虑问题；四是"新颖"，答案可以有个体差异，各不相同，新颖不俗。据此，发散思维表现出思维的广泛性、变通性和全新性等特征。

广泛性。这是发散思维最根本的特征，一般经过发散后得到答案数量之多可以说明广泛性。例如，围绕"风筝有什么用途"进行发散思考，可以得出观赏玩乐、风向测量、传递信息、广告宣传、服装设计等答案。思维的广泛性反映出创造主体的经验、知识和创造主体所处的环境，它也反映创造个体的知识广博程度。

变通性。发散思维的运用还注重给创新思维带来新的思维方向。思维方向指创造主体进行思维时寻找解决问题答案的指向，即在发散中从一个类别转移到另一个类别的思维方式。发散思维的变通性反映了创造主体转移思维方向的能力，变通性越强，创新性可能越大。思维方向的转移是思维对象质的转移，易促进创造主体进入创新思维的灵感阶段，从而创造出新的思维形式。

全新性。全新性是发散思维的重要特征，也是进行发散的目的，与发散思维的变通性、广泛性密切相关。变通性是广泛性的条件，在发散中，创造主体思维沿某一个方向运作的同时又重视其他思维方向，多向选择使变通性得到实现，广泛性也大为提高。变通性也是形成全新性的条件。一般来说，创新思维在发散的开始总是在记忆中提取过去已有的往往是常规范围内的知识和经验。当解决不了问题时，创造主体就通过不断变换思维方向，寻找新的解题方式，以产生新型独特的设想，这就是思维创新的组合过程。

第二，发散思维的分类。发展思维分为顺向发散思维和横向发散思维。

顺向发散思维——按图索骥。顺向思维方法是在创造思维中依据所需要解决问题的性质和形式，组合主观事物的功能、结构、属性、关系的一种方法。包括功能发散、结构发散、组合发散、特性发散等方式。例如，液晶可以随温度变色，利用此特性进行发散思考，可以研制变色玩具、变色衣服、温度报警器、超薄体温计等。

横向发散思维——"挖井"的变通。横向发散思维也称侧向思维或旁通思维，是指不按照思维逻辑去推理，而是转换思维视角，另辟蹊径的思维方法。

顺向发散思维和横向发展思维的区别主要是：顺向发散思维是从单一的概念出发，并沿着这个概念一直推进，直到找出最佳的方案或方法。但是万一作为起点的概念选错了，就找不到最佳方案。爱德华·德波诺用"挖井"做比喻，阐述了顺向发散思维与横向发散思维两种不同方法的关系。挖一口井时，如果最初挖井的位置选得不合适，即使费了很大的力气，挖了很深，仍然不出水，怎么办？对于大多数人来说，放弃太可惜了，只好继续将井挖得更深更大。随着挖掘工程的继续，人们一方面越来越感到失望，另一方面又感觉希望越来越大。这就是典型的顺向发散思维。如果运用横向发散思维，则要求首先确定井的位置，而一旦发现位置错了挖不出水，就应该果断放弃，另寻新址，绝不贪恋那口虽已挖了半截但位置错误的井。

横向发散思维并不企图使每一步都正确，而是使人们摆脱旧有的思维模式和思维习惯，寻找更新、更好的解题途径和思路，避免因为某些"优势想法"而错过其他的思考点。横向发散思维包括横向转移、横向移入、横向移出方式。横向转移是指不按照最初设想或常规直接解决问题，而是将问题转接到另一新的领域中，采用相关性的其他角度来思考问题的方式。

横向移入是指摆脱习惯性思维方式，跳出本专业、本行业的范围，摆脱习惯性思维，将注意力移入新的领域；或者将其他领域的技术或方法、理念等直接移植过来加以利用；或者从其他领域事物的特征、属性、机理中得到启发，以便对原来思考的问题进行创新设想。横向移入是解决技术难题或进行管理创新、产品创新的最基本的思维方式，其应用实例不胜枚举。如，鲁班由茅草的细齿划破手指而发明了锯；威尔逊观察大雾中抛石子的现象，设计了探测基本粒子运动的云雾器；格拉塞观察啤酒冒泡的现象，提出了气泡室的设想等。大量的事例说明，从其他领域借鉴是创新发明的一条捷径。

横向移出是指将现有技术或方法、原理推广到其他领域以寻求创新结果。拉链曾被誉为影响现代生活的十项最重要的发明之一。它的发明人贾德森是为了解除系鞋带的麻烦而想到的，并于1905年取得了专利权。这项发明吸引了一个叫霍克的军官，他决定建厂生产拉链。但是，专利本身只是一种"可行"的技术，并不是一种"成熟"的技术。拉链虽好，但需要特殊的机器才能批量生产。霍克经过19年的时间才研制出拉链机，可有了拉链却没有人用这个东西代替鞋带。他用了很大的努力仍然找不到销路。后来，一个服装店老板将思路引向了鞋带以外，生产出带拉链的钱包，赚了一大笔钱。从那以后，半个世纪以来，拉链几乎渗透到人类社会生产、日常生活的每一个角落，如衣服、枕套、笔盒等。

总之，不论是利用哪种横向思维方式，关键是要善于观察，特别留心那些表面上与思考问题似乎无关的事物与现象。这就需要在注意研究对象的同时，也要间接注意其他一些偶然看到的或事前预料不到的现象。这种偶然可能是创新的重要对象或线索。

（2）聚敛思维。聚敛思维又称集中思维。为了达到创造思维的目的，必须把发散得到的各种组合集中起来，在这些方案、设想和因素中选择、组合出最佳方案，这种方法称为聚敛思维方法。

在创新过程中，需要强调发散思维与聚敛思维的互补关系。

首先，发散思维是聚敛思维的前提和基础。只有以发散思维为基础，聚敛思维才能有效地展开。

其次，聚敛思维是发散思维的目的。发散思维是为了更好地聚敛思维。

再次，发散思维与聚敛思维相结合是创新的有效途径。

最后，创新思维开始于发散思维，终止于聚敛思维。发散思维和聚敛思维不断更替、反复、叠加的过程，正是开发创新思维的过程。

科学的发明或发现一般不会有直线的关系，总是要有一种迂回反复的发散与聚敛的过程。

第一，聚敛思维的间接注意。间接注意法，即用一种拐了弯的间接手段，去寻找"关键"技术或目标，达到另一个真正目的。也就是说，要求你把东西分成类别，分类的过程导致另一个后果，对被分类的东西进行仔细考察，去评估每一种有关的价值，这才是使用间接注意法的真实意图。

第二，聚敛思维的聚焦法。聚焦法，就是人们常说的"沉思、再思、三思"，是指在思考问题时有意识、有目的地将思维过程停顿下来，并将前后思维领域浓缩和聚拢起来，以便帮助我们更有效地审视和判断创新对象。聚焦法有利于培养定向思维的习惯向纵深思考，以便最后顺利解决问题。

（四）创新思维的活动过程

1. 准备阶段

准备阶段是创新思维活动过程的第一个阶段。这个阶段主要是搜集信息、整理资料、做前期准备。因为要解决的问题存在许多未知数，所以人们要搜集前人的知识经验来对问题形成新的认识，从而为创造活动的下一个阶段做准备。任何发明创造都不是凭空杜撰的，而是在日积月累、大量观察研究的基础上进行的。

2. 酝酿阶段

酝酿阶段主要是对准备阶段所搜集的信息、资料进行消化和吸收，在此基础上，找出问题的关键点，考虑解决这个问题的各种策略。在这个过程中，有些问题由于一时难以找到有效的答案，通常会把它们暂时搁置。但思维活动并没有因此而停止，这些问题无时无刻不萦绕在头脑中，甚至转化为一种潜意识。在这个过程中，人容易产生狂热的状态。所以，在这个阶段，要注意将思维的紧张与松弛有机结合，使其向更有利于解决问题的方向发展。

3. 明朗阶段

明朗阶段，也叫顿悟阶段。经过准备阶段和酝酿阶段，创新思维已达到一个相当成熟的阶段，在解决问题的过程中，创新者常常会进入一种豁然开朗的状态，这就是灵感。

三、创业精神

在知识经济时代，全球产业结构正面临彻底的解构与重组，创业精神正是驱动重组的最主要动力。对国民经济来说，创业者通过引入和实施产品创新、过程创新、市场创新和组织创新等创造性思想促进经济的发展；对个体而言，创业不但是一个充分实现自我价值的机会，更是发挥个人潜能的舞台。创新与创业将成为知识经济社会的常态行为。当代中国需要大批具有创新意识和创业精神的高素质人才，青年创新创业能力的强弱，将对我国未来发展产生影响。大学生是受过良好教育、具有较大发展潜力的群体，发掘和培育大学生的创业精神，是创新型国家建设的关键。

进入 21 世纪以来，我国在创业教育方面做了许多有益的尝试，无论是创业课程体系、教学方法和手段的改革，还是建立创业孵化基地等，都为大学生提供了良好的创业实践平台。作为一个还未步入社会的在校大学生，不管将来是选择创业还是就业，都应该具备创新意识与创业精神。

创业精神是指在创业者的主观世界中，那些具有开创性的思想、观念、个性、意志、作风和品质等。

（一）创业精神的内涵

从理论上说，创业精神有三个层面的内涵：在哲学层面，创业精神指创业思想和创业观念，是人们对创业的理性认识；在心理学层面，创业精神指创业个性和创业意志，是人们创业的心理基础；在行为学层面，创业精神指创业作风和创业品质，是人们创业的行为模式。

从实践上来看，创业精神的主要内涵为创新，也就是创业者通过创新的手段，更有效地利用资源，为市场创造出新的价值。虽然创业常常是以开创新公司的方式产生，但创业精神不一定只存在于新企业。一些成熟的组织，只要创新活动仍然旺盛，该组织就依然具备创业精神。

创业精神类似一种持续创新成长的生命力，一般可区分为个体的创业精神和组织的创业精神。个体的创业精神是以个人力量，在个人愿景引导下从事创新活动，进而创造一个新企业；组织的创业精神则指在已存在的一个组织内部，以群体力量追求共同愿景，从事组织创新活动，进而呈现组织的新面貌。

创业本身是一种无中生有的过程，只要创业者具备求新、求变、求发展的心态，以创造新价值的方式为新企业创造利润，我们就说这一过程中充满了创业精神。创业精神所关注的在于"是否创造新的价值",而不在于设立新公司,因此创业管理的关键在于创业过程能否将新事物带入现行的市场活动中,包括新产品或服务、新的管理制度、新的流程等。创业精神指的是一种追求机会的行为,这些机会不存在于目前资源应用的范围,但未来有可能创造资源应用的新价值。因此,我们可以说创业精神是促成新企业形成、发展和成长的原动力。

我们可归纳出普遍为企业所运用,与某些普遍适用的行为特性相关联的五大创业精神内涵:创新力、执行力、必胜的信念、注重价值创造和甘冒风险的精神。

(二) 创业精神的作用

1. 创业精神与校园创业实践

创业实践的经验对于创业者来说具有举足轻重的意义。虽然大学生具备一定的理论基础,有一定的知识面,但是毕竟身处校园,不能很好地了解和把握市场规律,同时又欠缺实际的经营管理能力和各种理财能力,在创业过程中处理各种具体事务时就难免力不从心。所以,大学生要完成从学生到创业者(经理人)的角色转换,最终取得创业的成功,突破实践经验不足的瓶颈就显得尤为关键。

对创业者来说,必须明确自己的目标,踏踏实实地学习,兢兢业业地工作。大学时代是人生的一个黄金时代,是实现自我蜕变、明确人生定位的关键时期。一般来说,大学生的自我意识在大学期间基本觉醒,能找到自己的兴趣和价值所在,从而为自己拟定一个初步的人生规划,这就为以后的成功打下了初步的基础。

创业精神在校园创业实践中发挥着多种作用,主要如下:

(1) 激发创业热情。创业精神能够激发年轻人的积极性和创业热情,促使他们更加愿意尝试新的创业项目和创新模式,从而不断拓展自己的创业领域和经验。

(2) 培养创新思维。创业精神强调创新和进取心,在校园创业实践中,学生们需要面对各种问题和挑战,通过思考、尝试和调整,不断寻找创新点和突破口,从而培养出创新思维。

(3) 提高团队合作能力。在校园创业实践中,学生需要组成创业团队来共同完成创业项目,这需要良好的团队合作能力。创业精神注重合作和协作,能够提高学生的沟通能力和团队合作能力。

(4) 培养市场意识和营销能力。创业精神要求创业者密切关注市场,了解市场需求和趋势,进行有效的市场推广和营销。在校园创业实践中,学生们通过参与创业项目,学习市场营销知识,培养出市场意识和营销能力。

（5）培养独立自主精神。创业精神倡导独立自主，敢于承担风险和责任。在校园创业实践中，学生们需要面对各种困难和挑战，通过自己的努力和奋斗去解决问题，从而培养独立自主的精神。

总之，创业精神对于校园创业实践而言是一个重要的优势。从创业热情、创新思维、团队合作能力、市场意识和营销能力、独立自主精神等方面，创业精神都对校园创业实践起到了促进作用，同时它在提高学生的就业能力、减轻就业压力、转化为社会就业压力的缓解和行业的发展壮大等方面也起到了积极的作用。

此外，在学习、工作的过程中，还应做好市场调查和分析，准确掌握市场信息，做好市场预测，建立经营思路，设计市场进入策略，对经营项目的投资、筹资、成本、收益等做出可信的测算，学会常用的财务管理知识。

2. 创业精神与毕业就业选择

随着高等教育从"精英教育"转向"大众教育"，高校毕业生就业形势日益严峻，大学毕业生数量将远远超过空缺岗位的数量。在很长一段时期内，大学生将面临更为严峻的就业形势。因此，创业精神的培养对于大学生毕业就业选择具有十分重要的意义。

大学生在面临就业竞争激烈的社会中，需要具备更多的生存和发展技能。培养创业精神和创业能力，可以为大学生减轻就业压力和解决就业难问题提供更多选择。创业精神的培养，可以激发大学生对市场和创新的敏感度，培养大学生的敢于冒险、勇于创新的精神，提高自身的市场竞争力。当大学生学会创新和冒险时，他们就会更多地关注市场上的机遇和未被满足的需求，进而通过开拓新的市场，提供更多的就业机会。创业能力是指一个人在创业实践中的自我生存和自我发展能力。通过创业实践，大学生能够从创业项目的策划、开发、运营和管理中获取宝贵的实战经验，了解市场需求，提高自己的技能和锻炼团队合作精神，从而进一步提升自己的竞争力，减轻就业压力和解决就业难问题。

在当前政策下，各级党政部门都鼓励和支持高校毕业生自主创业，来缓解就业难的问题。通过加大创业教育力度，提供更多的创业机会和资金支持，引导和激励大学生扩大自主创业和自我发展空间，同时提供就业机会，转化为社会就业压力的缓解和行业的发展壮大。

综上所述，培养创业精神和创业能力，可以为大学生提供更广阔的求职前景和自我发展的空间。而政策的鼓励和支持，既有利于创业者的自我发展，也有利于社会的就业问题的缓解和行业的发展。

3. 创业精神与人生价值实现

创业精神有利于大学生自我价值的实现。大学毕业生通过自主创业，可以把自己的兴趣与职业紧密结合，做自己最感兴趣、最愿意做和自己认为最值得做的事情，在五彩缤纷的社会舞台中大显身手，最大限度地发挥自己的才能，并获得合理的报酬。大学生创业的主要原动力在于谋求自我价值的实现。

从马斯洛的需求理论①来看，处于不同层次的创业者们都有不同的追求，也就是说对创业精神的内涵存在不同的理解。有的人创业是为了不依赖他人而独立生存；有的人创业是为了拥有永远不会失业的安全感；有的人甚至为了拥有更加宽广的发展空间，而放弃了稳定的工作；有的人创业，放弃了高薪，只是为了过一种更加受人尊重的生活，用自己的能力去打拼出属于自己的世界；还有的人，在创业成功、万人敬仰的时候，卖掉自己的企业，转身去做教育、公益或慈善事业，以帮助更多的人为乐趣。其实以上这些都是追求自身价值，来源于个人自身的价值观。

创业精神促进大学生自我价值的实现，主要表现在以下方面：

（1）创业精神的培育有利于激发大学生的创业意识。随着市场经济开放程度不断加深，经济领域的发展必然反映到社会生活中来。现如今，高校招生规模呈扩大趋势，毕业生数量越来越多。在市场竞争规则下，大学生与用人单位实行双向选择，但是相应企事业单位提供的岗位却不足，这就无形之中给大学生造成就业的压力，同时大学生的创新创业意识淡薄，如果大学生不能顺利就业将给社会造成沉重负担。解决就业难的一条途径就是大学生自主创业，培养大学生的创业精神有利于激发他们的创新创业意识，积极发挥自身的专业优势和个人特长，将具有不同学科背景和特长的同学组织在一起，成立创业团队，以创新创业带动就业，发挥创新创业的就业倍增效应。

创业精神的培育本质上就是为了激发大学生的创业意识，头脑中已经形成的意识或者价值观对大学生的行为具有指导作用，创业精神最终目的并不是引导学生都去创业，而是将创新创业意识作为一种自觉的思维习惯，当成整个社会的一种文化基因，这种文化基因反过来也会提升大学生的就业能力和市场竞争力。

（2）创业精神的培育有利于培养大学生的创业品质。创业品质是大学生创业过程中必备的重要素质，创业品质是人们创业的行为模式，优秀的创业品质主要包括强烈的社会责任感、善于合作的团队精神、严于律己的创业道德、吃苦耐劳的创业意念等。当前，许多大学生的社会责任感淡薄，自我意识强烈，不善于与人合作，创业道德意识淡薄，艰苦奋斗的思想意识缺乏。在创业活动中，创业品质影响着创新创业行为的成败。创业的成功要求大学生具备创业的品质，如果他们没有正确的创新创业理念，没有团队意识，不遵守创

①马斯洛的需求理论：一般指马斯洛需求层次理论。马斯洛的需求层次结构是心理学中的激励理论，包括人类需求的五级模型，通常被描绘成金字塔内的等级。

业过程中的职业道德，没有吃苦耐劳的身心素质，即使拥有了相关的创业知识和创业技能，也并不能保证他们创业活动成功开展，因此，要培养大学生的创业品质。创业精神与创业行为两者是相辅相成的关系，在创业行为中可以培养创业精神，已经形成的创业精神对创业行为具有反作用，使创业者形成并保持良好的创业品质。

（3）创业精神的培育有利于坚定大学生的创业意志。大学生创业精神培育的直接目的是保证创业活动的顺利开展。事实上，在创业过程中，大学生会遇到各式各样的问题，比如融资困难、相关技术缺乏、法律知识缺乏等，这些都是现实的问题。那么遇到这些困难是迎难而上，想办法解决问题，还是半途而废，直接关系到创业活动能否继续进行，这就考验大学生是否具备坚定的创业意志。

创业意志是人们创业的心理基础，是创业精神中非常重要的素质，它直接影响到创业未来的选择。大学生坚定的创业意志来自对风险的评估和对自己创业能力的判断，部分大学生依赖心理较强，创业意志不够坚定，对创业既想尝试又害怕失败，或者表现为在创业之初积极参与，遇到困难后消极懈怠，创业意志不够坚定。坚定的创新创业意志是保证大学生创业成功的关键。创业的过程本来就充满曲折，遇到问题不可避免。创业允许暂时的困难甚至创新创业的失败。创业意志是综合性的精神品质，本身包含着克服困难、东山再起、不服输的精神，创新创业精神的培育有利于坚定大学生的创业意志。

（三）创业精神的培育

创业精神的培育有利于创业型经济的发展，对大学生自身的发展更是意义重大。高校可以从营造校园创新创业文化、开设创业指导课程、提供创业实践平台三方面进行创业精神的培育。

1. 营造校园创新创业文化

我国将大学生创新能力的培养作为教育改革的重要目标。高校的文化氛围对大学生创新能力的培养起着非常重要的作用。而如何营造良好的校园创新创业文化氛围，是广大教育工作者必须密切关注和亟待解决的问题。

（1）营造校园创新创业文化氛围的原则。

第一，坚持理论创新原则，提升校园文化的整体水平。当前不断变化的新形势对高校的创业教育工作提出了新的要求，高校应组织专门的教师队伍对校园创业文化进行深入系统的理论研究和探索，并且找出符合本校的创业教育工作特点；积极探索校园文化建设的新途径、新载体，最大限度地挖掘校园创新创业文化的思想性、知识性及社会性价值，充分发挥其在开展创新创业教育研究中的作用。

第二，坚持实践创新原则，强化创新创业人才的科研能力。结合当代大学生的性格以及心理特征，高校应有目的、有效果地举办和组织一些内容丰富、形式多样的社会实践活动，使学生有更多的机会依托学生组织参与寒暑假的社会实践活动，依托校企合作参与岗位体验等。可以举办学术沙龙，鼓励学生成立科研兴趣小组，充分发挥导师的指导作用，申报并完成科研项目，让学生在实践中不断提高能力；可以通过优秀科研论文、调查报告的评比活动，提高大学生分析、思考、总结的能力，让学生在丰富的校园文化活动中提高自己的社会实践能力；可以通过模拟试验、实训实习等环节，从各方面锻炼大学生的实际操作能力和随机应变能力。

第三，坚持师生主体原则，提升创新创业人才的创造力。高校应构建和谐并有创新氛围的校园文化，把教师和学生作为营造校园创新创业氛围的主体。改变一些僵硬的体制和政策，激发大学生的创造活力，营造自由的校园文化氛围，从而激发师生发挥创造力的积极性。在营造校园创新创业文化氛围的过程中，提倡"以人为本"的理念，坚持师生主体原则，将师生的愿望和诉求作为开展创新创业教育工作的出发点，建立让师生身心愉悦的校园文化氛围。

第四，坚持和谐文化原则，为创新创业人才营造良好氛围。和谐的校园文化是高校开展创新创业教育的根本所在，也是增强师生凝聚力、提升高校核心竞争力、不断创新的重要保证。高校在建设校园文化时，应把握好这些方面：①优化校园环境，为师生提供良好的生活、工作和学习的环境；②注重加强全校师生的道德规范教育，提升校园的文明程度和人际关系和谐程度；③丰富校园创新创业文化活动，培养、锻炼大学生的综合能力，促进大学生在人文素质修养方面的提升。

第五，坚持独创灵活原则，兼顾校园管理和创新创业文化活动的自身特性。高校在开展创新创业文化教育时，应立足校园发展实际，围绕校园文化活动发展的重点内容和方向，兼顾大学部门管理需要，考虑创新创业文化活动的自身特点，即兼顾独创性原则以及实效性原则。独创的创新创业文化能够在受众脑海中留下深刻的印象，具有强大的吸引力，能够使人长久记忆。但是独创性并不是目的，创新创业文化还应具有可理解性，易于为大众所接受，也就是校园文化必须具有实效性。这两个原则能够使大学在建设创新创业文化的同时，促进校园管理工作更加有效地完成。

（2）营造校园创新创业文化氛围的途径。创新创业精神、意识和能力本身是很难直接开课教授的，重要的是要在校园文化中营造浓厚的创业创新气氛，创造有利的条件。

第一，良好的校园环境是营造校园创新创业文化氛围的前提。培育适宜创新的校园文化环境，养成思辨、争鸣、交锋的习惯和能力，是营造校园创新创业文化的基本前提。良好的校园文化氛围，是活跃思想、产生新思维、形成新思想的温床，是知识创新、思想创新、文化创新的必要条件。作为大学创新创业文化主体的师生，只有具有创新精神、创新意识，才能产生创新思维。要有"争鸣"的意识、愿望和要求，学会交流，敢于交锋，在交流和交锋中学习思辨，提高思辨能力。要敢于怀疑，敢于批判，通过怀疑、批判、交流、交锋，提出问题，提出见解、观点、主张，以达到大学生创新创业意识的形成。

第二，人文素质熏陶是营造校园创新创业文化氛围的基础。高校应注重校园文化，让大学生各取所需，整体提升人文品位，提高人文修养。高校在校园文化建设中，应该首先注重加强学生对传统文化的学习，内容可以涉及历史、文学、艺术等方面。

第三，独立人格塑造是营造校园创新创业文化氛围的重要一环。营造校园创新创业文化氛围，需要有创新人格主体。创新人格指创新精神或创造性个性倾向，是校园创新创业文化氛围营造的动力和方向性保证。培养创新创业人才需要培养创新人格。高校教育者应以自身的人格魅力"润物细无声"地深入大学生的灵魂，以其示范作用、激励作用、熏陶作用塑造学生美好的心灵，促进创新人格的形成。要抓住学生自组织教育的契机，选准切入点，通过学生自组织管理与学生自我教育的良性互动、自我评价、自我控制、自我内省，从而促进学生独立人格的形成。

第四，继承、借鉴和吸收传统文化，促使校园创新创业文化氛围升华。从一定意义上说，继承、借鉴、吸收是创新活动的前提，只有在继承、借鉴、吸收基础之上才能创新。创新要以"传统"为基础，要以客观现实存在为出发点，了解传统，把握现实，才能超越传统，才能提高和发展。传统文化是历史的积淀、社会意识的潜流，它已渗入社会心理的深层，其烙印是无法抹去的，其影响无处不在。大学生只有学习、钻研传统文化，才能正确地判断和鉴别它，才能清楚创新的需求，确定创新的目标，把握创新的方向。只有了解继承、借鉴、吸收和创新之间的关系，大学生才能树立继承、吸收、借鉴是为了创新——创新离不开继承、吸收、借鉴的观念，从而培育校园创新创业文化氛围。

2. 开设创业指导课程

（1）开展创业思想教育课程。通过理想教育端正创业目标，有目标才有动力，有理想才有追求，可以说创业目标就是人生目标的浓缩，也是人生理想的现实体现，应通过广泛深入地开展创业教育，使大学生乐于创业。学校可以通过创业思想教育帮助大学生端正创业态度，树立正确的人生观、价值观；可以通过创业理论教育使学生明确创业的目的和意义，从而将创业理想化为自己自觉的行动，积极主动地投身于创业实践；可以通过创业典型教育激发大学生的创业欲望，让他们创业有动力，学习有典型，追赶有目标。

（2）创业心理训练。心理训练是在专门人员的指导下，参与者自己练习、实践、锻炼的方法，实质上是一种特殊的教育过程。心理训练是一种要求个人充分发挥自主性的自我改变历程，训练将使个人对自己有更真实的了解、更恰当的引导和更主动的把控。也就是让一个人自己掌握自己，而不是被环境、习惯和以往经验所控制。首先，高校应开设心理课程，如"心理与情商教育""心理训练""大学生创业心理品质的陶冶"等，传授心理知识，将心理知识内化为大学生的心理品质；其次，开展心理咨询活动，帮助大学生分析创业过程中出现的心理问题，进行咨询指导，助其自助；最后，进行自我修养指导。

（3）培育创业人格。高成就者具有谨慎、自信、不屈不挠、上进、坚持、不自卑等心理特征。这说明个性特征对个体的创业来说是非常重要的，尤其是独立性、坚持性、敢为性、克制性等。所以，人格教育对创业精神与创业能力的培养是相辅相成的。可以运用创业案例剖析创业者的人格特征和心理特征，让学生掌握形成良好心理素质与优良人格特征的途径。从世界观和方法论的角度看，创业精神是一种实事求是的精神。创业不是纸上谈兵，需要根据实际情况提出新的思路，需要扎扎实实地付出艰苦的努力，需要引导学生以实事求是的态度面对学习、工作和生活。

（4）开展实践锻炼。实践锻炼对学生创业者来说具有重要的作用：①有助于学生置身其中，感同身受，使他们从思想上重视创新创业精神培育；②有助于大学生知行统一，理论联系实践，形成创新创业意识和解决问题的思想与行为习惯；③有利于大学生在实践活动中，培养自己解决实际问题的思维与能力。

运用实践锻炼法，首先，要鼓励大学生自己制订创业计划，开展社会调查和科学研究，在条件允许的情况下，教师可以组织学生进入自己的科研团队；其次，要利用学校的实践基地组织受教育者参加创新创业的相关工作和业务实践，在完成工作的过程中得到思想、能力和体力上的锻炼，鼓励学生的个性化发展，鼓励"头脑风暴"，支持他们有根据地设想并进行创新实践，培养创业精神，提升创业能力。

创业精神是在长期的实践活动中形成的，对创新精神与创业精神的培育也要与学生的日常行为和管理相结合，坚持"小、近、实"的原则，即从小事、从学生身边做起，讲求实效，鼓励学生的个性发展。组织大学生学习相关的创新创业政策与职业道德的法律法规，要求他们依职业法规进行创业实践活动。此外，在各种教学方法运用的过程中，要贯穿学科交叉的方法。现在很多科研工作者使用学科交叉的方法做科研项目，学科交叉的好处就在于为研究者提供不同的学术视角、不同的研究方法、不同的理论指导等。结合案例教学法，教学生怎么能做到学科交叉，创造性的思维往往起源于问题的岔路口，用不同领域的理论与方法解决本领域的难题是一条出路。

3. 提供创业实践平台

（1）建设有利于创业的环境。学校要广泛利用广播、电视、校刊、校报、板报等宣传工具，大力宣传创业的重要意义，宣传创业的经验，宣传成功创业的典型，树立勇于创业的榜样，弘扬创业精神，在校园形成讲创业、想创业、崇尚创业，以创业为荣的校园舆论氛围，引导鼓励创新、开拓进取、宽容失败、团结合作、乐于奉献的校园创业文化氛围的形成。

首先，经受竞争环境考验。不良的创业心理品质往往表现为自卑胆怯，它来源于成功经验的缺乏。当今社会充满竞争和挑战，年轻人要大胆展示自己，充分发展自己，努力把握各种创业的机会。这就要有敢想、敢做、敢闯、敢冒险的心理品质。这些心理品质只能从行动中来，从竞争中来，从实践中来。因此，年轻人应积极参与竞争，不要坐等机会的来临，只要有机会就要大胆地去争取，多从事几种职业，多参与几次竞争，通过竞争积累成功的经验，通过竞争获得自信的快乐，通过竞争战胜孤僻、害羞、怯懦等心理障碍。

其次，经受不利环境的磨砺。生活比别人苦点，工作比别人累点，环境比别人差点，这也是磨炼创业心理品质的方法。环境在给人施加压力的同时，也为人准备了一份智慧和才能。人们最出色的事业往往是在承受巨大压力下取得的。

（2）树立创业榜样进行引导。榜样的力量是无穷的，他人的创业行为和成就是一笔宝贵的财富，古往今来，创业成功者具有一些共同的心理品质，如自信，心态积极，喜欢独立思考，具有寻根究底的好奇心和探索精神，敢于创新，敢于竞争和冒风险，热情，专注，意志坚定，不怕挫折，情绪稳定等。树立创业榜样进行引导，可以从以下方面进行：

第一，借鉴历史上的创业榜样，编选他们创业成功的案例，通过他们使学生明确创业目标，激发创业热情，树立创业志向。

第二，向现实生活中的创业榜样学习，各行各业的创业典型是大学生学习的活教材，通过"请进来、走出去"的方式，让大学生们耳濡目染，受到熏陶。

第三，教师应成为创业的榜样，教师具有的创业成功经历，不但对学生有示范作用，还可以迁移到教学当中，这会给大学生创业者以莫大的启示和感染。

（3）提供创业实践锻炼的机会。良好的创业心理品质的形成重在实践训练，积极的实践能带来及时的反馈和成就感，也能带来节节成功的喜悦。切切实实地投入创业实践中去，定能磨炼出坚强的创业心理品质。

第一，学校要构建创业实践基地为学生提供创业实践的便利，如创业见习基地、创业实习基地和创业园等，实现产、学、研一体化。

第二，社会要为大学生提供更多的创业岗位，如勤工俭学岗位、社区服务岗位等，使其经受创业实践熔炉的考验。

第三，大学生自己课余应主动参与创业实践，从小商品推销到去饭店洗盘子，从为人打工到自己开店，熟悉各种职业特点和自己的能力特点，积累创业经验，增长创业才干，减少将来创业的盲目性。只有经受创业实践的锻炼，创业目标才会更加明晰，创业信念才会更加坚定，才会形成良好的创业习惯和人格。

（4）充分利用创业实训平台。创业实训是培育大学生创新创业精神的重要方式，必须充分利用现有的实训平台，同时建设多样的创业实训平台。实训平台有沙盘模拟训练室、创业模拟训练室、创新创客实验室等。

沙盘模拟训练室需要配备多媒体设备和企业经营模拟沙盘。沙盘模拟训练是集模拟性、趣味性、知识性为一体的企业管理技能训练，通过沙盘可以模拟企业的运营，在此过程中学生可以模拟进行企业的经营与管理、市场开发、产品研发等。

创业模拟训练室是在室内配备多媒体设备、办公桌椅等硬件，让学生进行商务谈判、市场推广、团队合作、项目培训等创业模拟训练。

创新创客实验室可以充分发挥创新创业的作用，激发学生的创意与创新，形成浓厚的创新氛围。创新创客实验室旨在让学生在掌握某种技能与原理的基础上，利用实验室研发新产品，培育学生的创新能力，而不仅仅是教给他们基本的实验操作技能。

此外，还可以引进 ERP 软件实验室，为学生搭建一个仿真的企业平台，模拟企业的经营环境以及业务处理。模拟训练使学生仿佛置身于企业的实际环境之中，有利于他们更直观地体验企业经营中可能遇到的各种问题，更有利于培养他们的开拓性思维，激发他们的创新灵感，培育创业精神。

四、创新创业精神

（一）创新创业精神的内涵

1. 创新精神

创新是一个民族进步的灵魂，是一个国家兴旺发达的不竭动力，也是中华民族最深沉的民族禀赋。在激烈的国际竞争中，唯创新者进，唯创新者强，唯创新者胜。我国已经形成了以改革创新为核心的时代精神，这种精神表现为突破陈规、大胆探索、敢于创造的思想观念。培养创新意识与创新思维的基础是尊重事实、解放思想，这就需要开阔的视野，独特的见解。创新的意识与观念就是先破再立，不破不立，打破陈旧的思维观念与习惯，是创新创业精神的基础和根本，创新创业本身是对现实的超越与变革。只有创新性的创业才能使创业立于不败之地，实现企业的可持续发展，创新是全方位的创新，包括技术、管理、理念、服务、产品等，创新创业精神要深刻地根植于中国精神。

2. 冒险精神

大学生创新创业必须具备冒险精神，创新创业本身就是一种冒险活动，做具有冒险活动的事情必须具备冒险精神。冒险即冒着风险，是一种大胆的尝试，但是这种尝试并不是盲目冲动的行为，冒险是一种具有系统性、计划性、组织性的活动，冒险与冒进有很大的区别，冒进含有盲目进取之意，这是绝对不可取的。在创新创业过程中，冒险是创新和创业的必然要求。一方面，如果创业者不能勇于承担风险，畏首畏尾，那么他也不可能积极参与到创新创业活动中，就算是已经开始了创新创业，他也不可能把自己的事业做大做强；另一方面，大学生具备了冒险精神并不意味着他们的创新创业活动一定能成功。

3. 合作精神

创新创业是一个相对浩大的工程，并不是某一位创业者个人所能完成的，不管是创新创业知识与能力，还是可以利用的资源方面，个人的力量总归是有限的，个人不可能具备各种创新创业知识与能力，也不可能拥有全方面创新创业所需的资源。这个时候必须发挥团队的力量，吸纳有共同志向的成员，加入创新创业队伍中。小溪只能泛起小小的浪花，大海才能迸发出惊涛骇浪，这就是团队的力量和同心同德的合作精神。在数量关系上 1+1 =2，但在合作的团队中往往能收到 1+1>2 的效果。

团队可以发挥个人所不具有的作用。在创新创业的知识与能力方面，每个人接触的知识领域不一定相同，这就使得团队成员各有所长，有利于团队中的成员各有侧重地分配任务，促进思想的交流，相互学习，取长补短。从创新创业所需资源的角度讲，团队中的每个成员，他们接触的人、遇到的事也不尽相同，那么团队合作就有利于资源的整合，助力创新创业活动的顺利进行。同样在精神层面，合作的团队成员可以相互鼓励、相互支持，越是在艰难的时刻，越需要同伴间的相互理解与扶持。团队合作中，难免会出现意见相左的时候，这个时候团队成员要以大局为重，同心同德的创业团队才会走得更远。

4. 拼搏精神

创新创业是一项冒险性活动，创新创业过程会面临各种各样的风险，遇到各种各样的困难，这就要求大学生创业者必须具备规避风险、克服困难的决心和意志，需要创业者具备艰苦奋斗、敢想敢做、顽强拼搏的精神，但凡遇到点困难就退缩是不可能创业成功的。自强不息的拼搏精神是创新创业精神的必备素质之一，尤其是对于新创企业来说，自强不息的拼搏精神要求创业者在创新创业的过程中保持知难而进、坚忍不拔、锐意进取的精神状态和顽强意志。创业之路不可能一帆风顺，创业之初会因为缺乏各种创业所需的资源而充满着各种各样的坎坷，各种问题层出不穷，在这个特殊而关键的时期，创新创业会因为这些问题出现瓶颈，导致暂时停滞，甚至面临就此终止的可能。越是在艰难的条件下越需要创业者保持谦虚谨慎，不骄不躁的作风，越需要勇往直前的意志和斗志，需要有越挫越勇的心理品质。只有这样，才能坚定自己的创新创业理想，才能在逆境中把握创业的方向，将创新创业进行到底。

5. 市场敏锐度

市场敏锐度是指对当前和未来的市场形势做出的快速反应度。由于市场具有不均衡性，这种不均衡性就能创造出商业机会，机遇无时不有、无处不在。创业者自身所具备的对市场的敏锐度和警觉性是创业精神的一个重要表现，创业者要善于分析市场形势，努力发掘和利用身边的机遇，实现创业创新。

（二）创新创业精神的特征

1. 先进性

先进性，也可以称之为超越性。创业型企业与模仿型企业、复制型企业所表现出来的创业精神有明显的差异。模仿型企业指的是创业者看到他人创业成功后，采取模仿和学习的方式，开启自己的创业之路；复制型企业指的是创业者借鉴现有经营模式并简单复制的一种创业模式。模仿型企业与复制型企业在新创企业中所占比例较大，但他们的创新成分很低，缺乏创新创业精神的内涵。在市场上，它们虽然带有冒险成分，但是无法实现新价值的创造。

在当前时代，创新创业要与社会主义市场经济相适应，市场经济崇尚竞争，在市场中要理解竞争规则，在竞争中创新创业；与知识经济的发展相适应，利用知识创造财富，用知识作为创新创业活动的支撑；与社会主义现代化相适应，在建设创新型国家浪潮中创新创业。优化当前企业存在的问题，这是人有我优的超越性；弥补当前领域的空白，这是人无我有的超越性。无论是哪种创新，它所体现的创新创业精神本身必然具有超越历史的先进性，想前人之不敢想、做前人之不敢做。

2. 批判性

从创新创业精神的内涵来看，创新创业精神必然表现出批判性的特征。批判的思想意识是实现创新性创业的前提条件，用批判的态度对待事物，在肯定事物存在合理性的同时，发现事物的不足之处，发现不足才能弥补不足，对于已经比较好的事物继续优化，不断更新。批判性的思维方式认为万事万物都有它的相对性，不承认人的认识与实践具有最终性，因此，事物都具有改进、更新和变革的空间。这正是创新创业精神所具有的特性，创新性的创业就是建立在现存事物可以继续改进、更新和变革的基础之上，创造新事物，优化旧事物的某些功能，并实现新价值的创造。批判的思维方法是实现创新创业的一条重要的途径，如果缺乏批判的思维方法就很难产生改革创新的想法，更不用说用创新实现创业了。创新来源于问题，以问题为导向，才能在创业活动中实现创新，做到真正的创新创业。

3. 科学性

创新创业精神具有实事求是的科学性，创新创业活动要立足于现实存在，杜绝凭空的幻想，遵循事物发展的规律，主动挖掘事物之间的联系，尊重科学、利用科学，科学精神是创新创业精神的基石。科学性要求对事物的认识、分析以客观实际为基础，通过科学的行为例如实验、实践等做出符合事实的判断，而不是建立在盲目的感性思维的基础上，它求真求实，反对虚假。要求人们在创新创业活动中以现实为依据，在尊重客观规律的基础上，充分发挥主观能动性，分析现实的可能性，将创新创业精神运用于创新创业实践，自觉开展一系列的思维活动和实践活动，将创新创业的意识与设想转化为创业观念蓝图、创业形象蓝图和创业实践蓝图，然后结合实际的发展现状，落实创业实践蓝图，创造出具有社会价值的实践成果，最终实现创新创业的理想。这就要求创业者具有丰富的创新创业知识，科学的思维方式和思维方法。在知识大爆炸的时代，必须要有系统的科学知识和科学的工作方法为创新创业的成功提供保证，这样创业者才能够站稳脚跟，脚踏实地地往前走。

第三节　创新创业的实践教学

我国高校创新创业实践教学的研究内容大致包括三个方面：①创新创业实践教学体系研究。实践教学体系包括课程体系，如企业家精神、风险投资等相关课程；实验教学体系，如企业经营模拟、沙盘演练等；实训实践体系，如项目实施计划、各种创业竞赛活动等。②创新创业实践教学方式。教学方式种类较多，主要有案例类，即通过选择案例，对案例进行分析讨论的方式展开教学；讲座类，主要是邀请成功的创业者来学校开讲座；竞赛类，即通过让学生参与创新创业竞赛的方式实施创新创业实践教学；模拟经营类，即通过模拟企业开办和经营来开展创新创业实践教学，如模拟经营大赛等；创新创业实训基地、孵化园类，即学生团队在孵化园或实训基地开展实体经营的方式。③创新创业实践教学平台。这部分内容与实践教学体系和实践教学方式有重叠。主要的平台有课堂教学平台、校内实践教学平台、校外实践教学平台等。

一、创新创业实践教学的理论基础

"培养创新创业人才，是高等院校的基本任务，创新创业实践教学是强化教学、科研、创新创业能力、提高创新创业人才培养质量的一个重要切入点。"[1] 随着实践教学越来越受到高校的重视，其背后的理论逻辑也越来越受到关注。理论基础不仅为实践教学体系的设计提供理论指导，同时也是帮助人们认识教育本质、人才培养目标等教育根本问题的重要依据。概念界定是研究的基础和起点，明确概念的内涵和外延，才可能展开对概念相关问题以及与其他问题之间关系的研究。

（一）从做中学理论

杜威是美国教育家，现代西方教育史上最有影响力的代表人物。他对传统教育知行分离的现象进行了批判，指出传统教育以知识为中心，学习是被动的接受，造成了知识与行为相分离的结果，学科变成了书本上的东西，变成了远离学生经验和不能对行为产生影响的东西。人的知识和行为应当是合一的，知识的学习应该根植于社会实际中，真正的教育应该让学生通过亲身体验，以亲身实践和实地体验的方式，在做中学。同时，教育的内容与教育的方式都来自社会的实际需要，学校教育和社会实践是应该密切结合的。区别于传统的认识论，知识的获得不是个体旁观的过程，而是探究的过程，知识是个体主动探究的结果。

从做中学就是从活动中学、从经验中学，也就是从实际活动中学习，让知识的获得与生活中所经历的、参与的活动相联系，与活动中的感受和结果相联系。这样每一次活动中的行动就变成了尝试，变成了寻找世界真相的实验。学校应该设立各种工厂、实验室、厨房、农场等，为学生提供活动场所，让他们从事他们感兴趣的活动，并在活动的过程中找到问题、解决问题、积累经验。教学过程由五个部分组成，主要包括：①有真实的情景；②在真实的情景中明确面对的问题；③利用现有资源提出解决问题的可能方法或假定；④通过实验或活动验证解决问题的方法或者假设；⑤根据结果找到解决问题的办法。高校创新创业实践教学正是让学生通过社会实践、实验室模拟等方法发现并解决问题，实现理论

---

①张玉芳，张吉国，刘群，等. 高校创新创业实践教学的实践与强化[J]. 实验室科学，2020，23（03）：143.

知识和实践经验的有机结合。这样的教学过程为高校实践教学提供了强有力的理论依据，同时对于实践教学的方式方法也有一定的指导意义。

（二）建构主义学习理论

建构主义认为知识不是对现实的纯粹客观的反映，知识是会随着人们认识程度的深入而不断地变革、深化的。因此，学习不是简单被动地接受信息，而是主动地建构知识；教学也不是简单地填灌，而是对知识进行处理并自我消化的过程。

建构主义学习理论主张，在教学过程中，应该让学生在现实或模拟的情境中展开实践，形成解决问题的能力，学习应该是探索式学习，让学生积极主动地参与、体验，形成自己的理解，培养自己的能力。对建构主义学习理论的应用之一就是情境教学。情境教学是建立在有感染力的真实事件或真实问题基础上的教学，强调让学生在真实任务情境中，发现问题、分析问题、解决问题，培养能力并积累经验。这与杜威的从做中学理论具有一致性，并且与现有的创新创业实践教学模式具有一致性。我国高校现有的创新创业实践教学中，实验室模拟和创业项目模拟都是通过情境教学的方式，让学生在真实的情境中发现问题、分析问题、提出假设、解决问题。建构主义学习理论为创新创业实践教学的价值提供了强有力的理论指导，实践教学有着坚实的理论支撑。

二、创新创业实践教学的重要意义

实践教学是相对于理论教学的各种教学活动的总称，实践教学的目的是通过实践活动，获得感性知识，掌握实践技能，培养实践能力和分析问题、解决问题的能力，提高学生的综合素质，其内容包括社会实践、生产实习、实验、毕业论文设计、模拟实训等，是一种综合的教学方式。实践教学是高校教学体系中的重要组成部分，对于大学生创新创业能力的培养具有重要意义。

（一）实践教学是连接学生理论知识和实践能力的重要手段

高校教学由理论教学和实践教学共同构成。理论教学主要是知识传授，这种传统的教学方式在我国目前的高校教学体系中居于主体地位。但是理论教学主要是传授知识、传递知识，学生缺乏对于知识的感性认知，并且仅仅有理论知识，学生缺少知识与生活实际之间的联系，缺少将知识用于实践的能力。不能将知识用于生活实践，知识将失去其存在的意义。因此高校仅仅有理论教学是不够的，实践教学是必不可少的组成部分。只有通过实践，才能加深对理论知识的认识，并且在实践的过程中，才更容易发现理论知识的不足。

实践教学是高校大学生参与实践的主要内容，通过实践教学，一方面提高高校大学生对于理论知识的认识，另一方面培养实践能力，积累经验。并且在实践教学过程中不断地发现问题和解决问题，又锻炼了学生的独立思考能力和创新能力。实践教学是连接学生理论知识和实践能力的重要手段。

（二）实践教学是提高高校大学生学习兴趣的重要途径

目前我国高校的教学仍是以理论教学为主，学生缺少对于学习内容的兴趣，并且学习的方式也是单一的灌输式。实践教学通过社会实践、模拟实验、创业项目演练等方式让学生在实际的情境中发现问题、分析问题、解决问题。在实践教学的过程中，学生可以将学到的理论知识用于实践，体会知识的用途和意义；同时发现新的问题，产生探究欲望，激发进一步学习的动力。因此，实践教学是提高高校大学生学习兴趣的重要途径。

实践教学要想提升学生的学习兴趣，至少需要三个方面的条件：①实践教学在高校教学体系中的比例必须提升；②实践教学的方式必须多样化。多样化的实践教学方式能够让学生从多个角度进行感性认知和思考，对于创新思想的形成至关重要；③实践教学的情境应该足够真实。越是真实的情境，学生在情境中的反应才能越认真，才能越多地思考，只有这样的实践教学，才可能激起学生的学习兴趣和探索欲望。

（三）实践教学是学生创新创业能力培养的基石

创新创业能力是一种综合能力，创新创业能力的培养是一个系统的过程。高校通过实践教学，培养的是学生的实践动手能力以及发现问题、解决问题、独立思考的能力。创新创业能力指的是既有实践能力、创新意识和创新能力又具有创业潜力的综合能力。其中，实践能力是创新能力形成的基础，创业能力是在具备一定的创新能力的基础上升华而得到的。

（四）实践教学是促进大学生全面发展的重要途径

21世纪，国家的发展靠人才，大学生是我国人才的主体来源，其素质关系着国家未来的发展。大学教育传统的教学方式是理论传授，这种教学方式主要是知识学习和积累，让大学生能够掌握较为丰富的理论知识。但当今社会对于人才的需求并不是单一以知识为指标，大学生毕业后的工作或创业都需要全面发展的综合能力。只有具备全面发展的综合能力，大学生才能在毕业后积极、灵活地面对工作或创业过程中的各种困难和挫折。

综合能力的培养需要学生在真实的环境中，锻炼动手实践的能力、与人沟通的能力、团队合作的能力、独立思考的能力、分析问题以及解决问题的能力、直面挫折的能力等。这些能力都只有在丰富的实践过程中才能慢慢积累和形成。实践教学正为学生提供了一种将学到的知识用于实践，让学生与真实环境接触的机会，并为学生创造了在真实或接近真实的环境中动手、交流、思考、合作的条件。在这样的实践过程中，学生的理解能力、团队合作能力、独立思考能力、沟通能力、创新能力才能得以提升，从而促进大学生的全面发展。因此，实践教学是促进大学生全面发展的重要途径。

三、创新创业实践教学的基本模式

创新创业实践教学可以归纳为以下三种模式：

（一）以知识、技能为重点的创新创业实践教学模式

下面以北京航空航天大学为例，研究以知识、技能为重点的创新创业实践教学模式。

北京航空航天大学在继续教育学院下设创业管理培训学院，成立于2002年。创业管理培训学院下设创业培训中心、国际合作部、创业研究中心和综合办公室。学院的宗旨是在搭建创业平台基础上提高创新创业能力。北京航空航天大学创新创业实践教学的特点是：采用商业化运作模式，由专门机构负责，统一管理与创新创业实践教学相关的课程、教师、资金等。

北京航空航天大学的这种实践教学模式重视知识和技能培训。主要通过三种途径：

第一，知识类主要是通过开设相关创业课程，针对本科生和研究生都开设相关课程，如《创业管理入门》《创业实务》《创业财务基础》等。授课教师实践经验丰富，能够给学生带来丰富的实践经验。授课结束时，如果学生有优秀的创业计划，经专家审定后，可以获得学院的创业启动资金，为学生的创业提供资金支持。

第二，技能类开设有"团队训练""拓展训练"等技能培训专题，培训相关实践技能，同时创业管理培训学院还提供各种职业认证，如物流能力等级认证、PMP项目经理认证、IPMP项目经理认证等相关职业认证，学生可以通过考试的方式获得认证。

第三，北京航空航天大学依托北航科技园以及北航孵化器，为学生提供实训平台和基地，为其提供完善的实训培训。

（二）以素质培养为重点的创新创业实践教学模式

下面以中国人民大学为例，研究以素质培养为重点的创新创业实践教学模式。

中国人民大学的创新创业实践教学模式的特点主要有以下两点：

第一，让全校学生都能接受相关的创新创业教育。中国人民大学本着素质教育的目的，将全校的素质教育课程划分成人文素质、自然素质、艺术素质和创业素质四个必修模块，学生可以在每个模块选择 1 到 2 门课程作为必修课程。这就保证了全校学生都受过相关的创新创业教育，解决了创新创业教育只针对有创业意愿学生的缺陷。

第二，将创新创业实践教学融入基础教学和专业教学。学校设置了丰富的创新创业实践教学系列课程，将创业课程融入学生的日常教学中去，而不是快要毕业时才去上相关课程或者临时培训。同时，在教学方式上，学校以案例为主导，通过案例分析和课堂讨论，让学生分析问题和解决问题，提高学生素质。

以上两点让中国人民大学这种实践教学的方式成为了以素质培养和提升为重点的创新创业实践教学模式。

除了将课程融入学生的专业学习外，中国人民大学还通过第二课堂开展各种活动，丰富实践教学的内容，积累实践经验，培养学生的创新意识和创业能力。比如，学校举办各种创业者系列讲座、创业论坛，以及各种创业竞赛活动等。学生通过参与各种活动，在模拟或真实情境中发现问题、分析问题和解决问题，丰富的实践机会使学生积累了丰富的实践经验，同时培养了独立思考能力、创新能力、团队合作能力等综合能力，使学生的综合素质得以提升。

（三）创新创业实践教学综合教学模式

下面以上海交通大学为例，研究创新创业实践教学综合教学模式。

上海交通大学主要通过以下两种途径提高学生创新创业技能和能力：

第一，建立创新人才培养体系。创新人才培养体系以创新教育、素质教育、终身教育为基点，通过深化教学改革，形成包括基础教育大平台、专业教学大平台、研究生教育质量保障体系等在内的综合体系。创新人才培养体系的宗旨是：通过三个转变，即教学向教育转变、传授向学习转变、专才向通才转变，将创新创业教育的目的真正转移到提高学生的创新素质上来。

第二，提供多样化的创新创业实践教学平台。花巨资建立多样化的实验中心和创新基地，实验中心和创新基地面向全校学生开放，给学生提供多种实践机会，使学生积极投入到创新创业实践中去，不断积累实践经验，培养实践能力。

同时举办各种创新创业活动和竞赛，鼓励学生参与校内外各种活动和比赛，并对优秀的计划和项目进行指导，提供资金支持，鼓励学生将创新理念或思想形成成果，实现产业化。

四、创新创业实践教学机制的构建

高校创新创业实践教学机制的构建，需要从顶层设计入手，在顶层设计的基础上，以创新创业实践教学体系的构建为核心，以综合保障机制为支撑，建立起适合我国高校特色的、体系完善的、多层次的创新创业实践教学机制。

（一）成立高校创新创业专门机构

高校对于创新创业实践教学的认识直接关系到教学的成败。大多数高校创新创业实践都依赖于教务处、学工处、团委、就业指导中心等机构，这样的管理体制大多采用的是举办比赛、大型活动，或者依托创新项目的形式来实施创新创业实践，没有连续性，无法实现创新创业实践教学的常态化。同时，这种管理体制形式化严重，缺乏对于学生创新性的培养和关注。学生创新创业能力的培养，需要长期、规范的过程，高校须建立符合自身实际的创新创业教育机构，成立创新创业教育规范，使创新创业实践教学规范化、合理化、常态化、科学化。

创新创业教育是综合素质教育，需要各个部门的配合和共同努力。高校的创新创业教育也是如此，创新创业的管理体制应该从顶层设计入手，成立以校领导为首，各个相关职能部门共同组成的专门机构。此专门机构负责创新创业课程体系构建、日常教学安排、师资队伍建设、实践教学机制和相关平台建设、学生创新创业相关活动组织等。成立专门机构的优势如下：

第一，能够统筹安排创新创业实践，可以使创新创业教育规范化、常态化。

第二，从顶层设计入手建立的专门机构，有学校领导的重视和支持，方便调配资源为创新创业教育服务，同时方便跟各个学院和机构沟通协调，将创新创业教育融入各学院日常教育和专业教育中去，使学生系统地接受创新创业思想教育和熏陶，具备创新素质，为以后的就业和创业提供坚实的内在基础。

第三，从顶层设计入手建立的专门机构，使得创新创业实践教学能够兼顾基础性和专业性。一方面，专门的负责机构设立针对所有院系的实践教学项目，这类项目属于基础实践部分，适用于所有院系的学生，主要培养学生的创新意识、创新思想以及动手能力；另一方面，在基础实践的基础上，在专门机构的指导下，各院系设立适合本院系专业特色的实践教学项目，这类项目主要培养学生的专业创新能力，直接为学生以后的就业和创业服务。基础实践和专业实践相结合，组成创新创业实践教学的有机整体。

（二）构建创新创业实践教学体系

高校创新创业实践教学是教学的重要组成部分，实践教学能够培养学生创新创业意识和能力，便于学生综合素质的提高，同时也是学生将理论知识应用到实践中去发挥作用的重要途径。创新创业实践教学体系的构建以构建思路和模块架构两个模块为中心，兼顾实践教学课程、实践平台和实践项目，形成多维立体、适用于不同年级的连续的创新创业实践教学体系。

1. 构建思路

创新创业实践教学体系的构建以创新创业能力培养为主线，立足于充分体现专业特色，培养学生的动手实践能力和创新创业能力，加强专业实践教学比例。其中，创新创业能力培养是目的。能力的培养是一个系统的过程。创新创业能力的培养首先是创新创业意识的形成，接着是积累创新创业知识，然后是提升创新创业能力，最后是实践创新创业能力。从创新创业意识的形成到实践创新创业能力，这个过程贯穿从入学到毕业的全过程，包括了从实践教学课程到实践平台再到实践项目的全体方式。

另外，能力培养的过程中要与专业特色相结合。创新创业能力的形成需要掌握创新创业一般知识和基本规律，但最终的实践创新创业能力是要与专业特色相结合的，是建立在专业基础上的实践创新或者创业。只有建立在专业特色基础上的实践才是符合高校教育规律和市场需求的创新创业实践，是学生将专业理论用于实践的重要途径。实践教学体系构建的宗旨是要加强专业实践教学比例。具体来说创新创业实践教学体系包括专业基础课和专业核心课程以及专业方向选修课的课程认知实习、实验、课程论文以及社会实践、专业见习、毕业实习、学科竞赛等相应实践内容。同时还要加强课程的综合性应用和设计，课堂教学中要加强案例教学实践、岗位设计实践、项目驱动实践，结合大学生创业创新训练等，加强学生由相对独立的课程实践到专业内容与创新创业融合的综合实践，提高学生对专业知识在实践中分析、解决问题的能力。

2. 模块架构

创新创业实践教学体系的构建有多种思路。可以按照大学不同的年级，列出每个年级的创新创业实践教学的重点；亦可以按照方法的不同，将教学体系分为方法课程、案例课程、实验模拟类等。每一种构建方式都有自己的优点和不足之处。创新创业实践教学体系分为两个模块：创新创业校内外实践平台和校内外实践项目。校内实践教学的主要目标是创新创业意识的形成以及创新创业知识的积累；而校外实践教学平台和校内外实践项目的主要目标是创新创业能力的转化和突破。

（1）校内外实践平台。校内外实践平台主要包括校内实践课程教学和校内外其他实践平台两部分。创新创业能力的培养离不开实践课程，实践课程是创新创业意识形成和知识积累的重要来源。实践课程应该是一个系统的过程，贯穿大学教育的全过程。

校内实践课程教学主要是围绕专业知识与技能展开的。如果按照大学四年本科教育来分的话，第一年主要通过专业认知实习、新生专业导论等形式，一方面帮助学生了解自身专业，形成对专业的基本认知；另一方面培养学生对专业的兴趣，同时启蒙创新创业意识，为专业的学习和创新创业能力的培养奠定基础。

第二年主要通过学科类基础课实验逐渐积累创新创业知识。此类实验活动均在校内进行，通过教师演示，学生实际参与动手，提高实践动手能力，同时提高对理论知识的认识。

第三年主要是专业基本和核心课程的实验教学。专业基本和核心课程的实验教学主要在校内实训室进行，高校开发多种与专业相结合的模拟实训软件，学生通过多次使用各种创新创业模拟实训软件，熟悉专业相关的知识和技能，掌握创新创业的流程，模拟体验或者真实体验创业风险，形成初步的创业意识，真实感受创新创业过程。

第四年，学生进入毕业班阶段，实践教学活动主要是完成毕业论文设计。毕业论文的设计要建立在毕业实习的基础上，要求学生利用大四下学期完成共 10 周的毕业实习工作，并且将实习中的体会和感悟以实习周记和实习总结的形式记录下来，于返校时开展毕业实习分享会。在毕业实习同时，学生要结合创新创业实践进行毕业论文选题，完成毕业论文设计和写作工作，使得本科毕业论文建立在实践基础上，而不是纯粹的理论研究，进一步培养创新创业实践能力。

校内外其他实践平台主要包括假期社会实践活动、创新创业模拟实验、创新创业孵化基地等。假期社会实践活动是大学生常见的一种校外实践活动，主要是鼓励学生利用假期实践到企业进行社会实践，通过社会实践了解行业最新需求情况，同时了解本专业的理论知识与实践相结合的方法，用理论指导实践，并完成社会实践报告。创新创业模拟实验室是通过开发模拟创业平台，让学生在平台上按照正式的创业流程来开展经营活动，模拟市场环境，在模拟的市场环境中自负盈亏，真实地体会创业过程，一方面积累创业经验，另一方面提高对市场环境的认识，为毕业之后的就业积累更多基础。创新创业孵化基地则是更为真实的创业平台，大多是以学校与政府合作模式为依托，建立用于孵化、孕育微型企业成长的创业基地。学生可以利用基地场所进行相应的实践，通过创业前期准备—设立公司—公司的运营和管理，熟悉创业的具体过程，感受创业氛围。这不但能够培养学生的团队协作精神，同时还是学生检验自己是否适合创业的重要手段，通过这个过程，适合创业的学生极大地提高了创新创业能力，不适合创业的学生积累了丰富的市场经验，对于毕业以后的方向也有了更加清晰的认识，对于就业有着非常大的帮助。

（2）创新创业校内外实践项目。创新创业校内外实践项目可以分为以下两类：

第一，创新创业相关的教育课程，主要是知识和经验的积累和传播，形式包括创新创业知识竞赛、创新创业专题交流会、创新创业讲座等。这类项目是创新创业实践教学课程的补充，属于第二课堂，一方面可以巩固创新创业课程中的知识和经验；另一方面这类活动往往在全校具有较大的影响力，能够起到宣传创新创业教育的作用。以校内创新创业类竞赛项目为依托，方便学生申报或参加多种创新创业项目，这有利于创新创业实践的多元化发展。

第二，主要是以"挑战杯"大学生创业大赛、"互联网+"大学生创新创业大赛等赛事为代表的创新创业实战项目。这类项目是真正意义上的创新创业实践，在比赛的过程中，经过专家的指导，通过对创新创业项目的指导发现优秀人才和团队，胜出的团队可以推出成熟的创新创业项目并实现成果转化，可以极大带动全校师生的积极性和热情，最终实现创新创业教育水平的提高。

（三）建立完善的支持保障体系

创新创业实践教学体系的顺利实施，需要完善的支持体系作为保障。因此，高校应该建立全方位的包括观念、师资和教育机制的支持体系。

1. 加强创新创业教育观念，为实践教学提供理论指导

创新创业教育观念是对创新创业教育活动以及与之相关的教育体制、机制、模式等的认识，树立正确的创新创业观念是成功管理和有效参与创新创业教育的前提和基础。创新创业教育观念直接影响着人们的创新创业实践行为。但就目前我国高校的情况看，大多数学生、教师和管理者对创新创业教育的认识都有着一定的偏差。在很多人的意识中，创新创业教育只是针对有创业意愿的学生，只是针对即将毕业的学生，只是一种短期的创业培训等。这些认识远远没有触及创新创业教育的本质，自然也忽视了创新创业教育对于大学生综合素质培养的重要意义。对创新创业教育的错误认识，限制了高校创新创业实践教学的发展。一方面，管理者没有认识到创新创业教育的重要性，不重视实践教学，因此缺乏科学、完善的实践教学体系，对实践教学的保障机制严重不足；另一方面，教师缺乏对创新创业教育的正确认识，在实施实践教学的过程中缺少激情，缺乏创新，往往让实践教学和理论教学很接近，失去其意义。同时，学生缺乏对创新创业教育的正确认识，因此对实

践教学重视不够，敷衍现象严重，大大降低了实践教学的效果，严重影响了学生创新创业能力的提升。

创新创业教育最本质的是对创新意识和创新能力的培养，其培养应该贯穿于大学教育的全过程，并且对于所有的学生而非只有创业意愿的学生都具有重要意义。无论学生毕业之后是否自主创业，创新意识和能力的培养都是极其富有创造性、具有市场竞争力的重要要素。高校应该转变管理者以及创新创业教师对创新创业教育的认识，在对观念进行宣传过程中大力借助教师和辅导员的力量，通过各个渠道如创新创业讲座、培训等进行正确宣传。首先，由学校创新创业管理机构形成专业的、正确的宣传文件，将创新创业的本质、目标、核心思想和重要意义等问题阐述清楚；其次，对创新创业教师和辅导员进行培训，让他们充分认识到创新创业的意义；最后，辅导员对所有班级进行创新创业思想认识教育，同时，创新创业教师在授课和实践教学过程中，加强对学生观念的引导。这样做到对创新创业思想的认识教育全方位、无遗漏地传达到了每一个学生，为学校创新创业实践教学积累坚实的基础。

2. 创建强有力的师资队伍，为实践教学提供人才支撑

创建强有力的师资队伍是实践教学的基础和关键，学校应认真对待并投入足够的资源和精力，具体可以从以下方面着手：

（1）整合并改进校内创新创业实践型师资队伍。

第一，整合，即在创新创业专门机构的管理下，建立创新创业实践型师资库。以学校领导为首的高校创新创业专门机构集合学校具备创新创业相关实践经验的教师，并依据其所在专业进行类别划分，成立师资库。根据人才培养方案，从师资库中调配教师，依靠相互配合开展创新创业实践教学，初步缓解师资力量短缺的局面。

第二，改进校内创新创业实践型师资队伍。主要有两种途径：①聘请外来具有丰富实践经验的专家对校内教师进行创新创业理论知识和实践方面的培训，通过培训，丰富校内教师的实践经验，同时及时掌握市场动向；②鼓励校内教师参加各种学习培训，同时学校积极创造机会，组织创新创业相关教师接受培训，学习最新的教学方法和手段，积累丰富的实践经验，为创新创业实践教学服务。同时鼓励校内教师与企业项目合作或者到企业挂职锻炼，这一方面为学生参与创新创业实践项目提供了机会，拓展了学生的创新创业实践平台；另一方面使得创新创业教师紧跟市场发展趋势，保证其对学生的创新创业实践教学不与社会脱节。

（2）加强与企业的合作，引进校外力量。创新创业教育从根本上还是要落到实践，但高校的优势更多在于理论知识和科学研究，实践方面一直是企业处于一线的位置，因此，

聘请企业的相关专家、管理者、创业者来高校进行创新创业实践教学既直接又专业。高校应该采取多种方式聘请校外力量参与实践教学。我国各个高校也都意识到校外力量对于实践教学的意义，也做过不少的尝试，但效果并不是很理想。主要的问题在于高校与企业的联系比较分散，很多时候是依靠相关教师或者管理人员的私人资源，缺乏系统的联系机制。同时，校外力量引进的成本较高，并且结果并不可控。

长远意义上的校企合作应该建立在系统的联系机制的基础上，能够让企业和高校建立经常性的联系。这需要政府、企业和高校三方联合，由政府牵头，组建企业和高校信息系统，并为企业和高校的长期合作提供政策支持和资金资助。建立在普遍联系基础上的高校和企业的合作，将大大降低高校创新创业实践师资不足的问题，同时也为高校和企业的深度合作和科研成果转化提供了很好的基础。

3. 健全创新创业教育机制，为实践教学提供运行机制

创新创业教育机制指的是创新创业教育活动的具体实施过程中各个部门之间的相互关系和运行机制。在创新创业活动的实施过程中，各个机构之间的具体运行是由创新创业教育机制来统一协调的，健全的教育机制，能够协调创业实践教学过程中的各个环节，使其连贯有序，顺畅有效。而目前我国高校创新创业实践教学中经常出现的环节之间不能紧密结合、积极性不够、资金不到位等问题，很大程度上是因为缺乏健全的创新创业教育机制。

健全的创新创业教育机制一般包括激励机制、约束机制和保障机制。

激励机制包括教师和学生的激励，可以通过多种途径实现。比如比赛奖金、创新创业项目成果分成等。有效的激励机制能够积极调动教师和学生在创新创业实践中的积极性，形成师生积极参与创新创业实践教育的良好氛围。激励机制还可以包括对参与实践教学的企业或者相关人员的激励，这能够促进企业与学校之间的更多实践教学合作，为高校的创新创业教育发展做出巨大贡献。通过对内和对外激励的结合，有利于形成校内外良性互动的机制，对于企业和高校具有双赢的结果。

约束机制主要是建立对于创新创业实践教学的监督和评价系统。通过监督实践教学体系的实施过程，可以发现其不足和漏洞，并及时提出改进措施进行弥补和改进，使得实践教学体系处于动态调整状态而非一旦建立就静止不动的局面。通过对实践教学过程中各个环节和各位指导教师进行评价，找到优势和不足，对于优势部分应该大力扩展其实践范围，让更多的学生受益，对于不足之处，及时发现，及时改进。没有监督和评价的体制很容易使其运行偏离原来的方向，违背其初衷。并且，缺乏监督和评价意味着没有约束，因此激励机制也往往因为缺乏依据难以有效实行，两个机制之间是密切联系的。

保障机制是创新创业教育机制运行的物质基础，包括物资保障和资金保障。物资保障包括实验室、设备、软件、会议厅、活动中心等实践教学所需物资，实践教学的实施需要空间环境和相关设备的支持，缺少了这部分的统筹配备，实践教学的运转就会受到硬性限制；资金保障主要指的是各种比赛、项目、培训等的资金支持。高校创新创业实践中的演讲、培训、竞赛、孵化基地等都需要资金，高校资金的配备和到位是其有效开展的基础，并且高校创新创业实践的大力推广需要高校提供更充足的资金支持作为后盾。

第二章 高校大学生创新创业能力培养的基础——精神培育

第一节 大学生创新创业精神培育的理论与特性

一、大学生创新创业精神培育的理论

大学生创新创业精神的培育是我国教育理念的重大转变。每一种教育理念的存在都有其深刻的时代背景，同时也具有深厚的理论基础。下面主要从生产力理论、关于人的全面发展理论、教育心理学理论三个方面来对大学生创新创业精神培育的理论支撑进行解读。

（一）生产力理论

生产力是人类在生产实践中形成的改造和影响自然以使其适合社会需要的物质力量。生产力的基本要素包括：劳动资料、劳动对象、劳动者，同时生产力中还包含着科学技术。生产力是人类社会发展的根本动力，而劳动者是生产力中最活跃的因素，在生产力发展中起着决定作用。劳动者的创新创业能力对推动新时代中国社会生产力发展至关重要。

创新是引领发展的第一动力。当前，我国积极倡导的创新型国家建设战略的实施，就是在强调提高人才的创新创业能力，就是强调要培养大量创新型人才。高校肩负着培养社会主义建设事业创新创业人才的伟大使命。"大众创业、万众创新"的提出是以我国互联网的发展为前提的，它极大地推动了我国社会生产力的发展。近年来随着我国社会生产力的发展，大数据时代的到来，生产资料的范围不再局限于土地、工业设备等。互联网等新事物的崛起，让如今的劳动者、生产资料和劳动对象之间的关系发生了很大的改变，它使得大众创业、万众创新成为可能。

（二）人的全面发展理论

教育是造就全面发展的人的重要途径。这里的人的全面发展可以解读为人的能力、人

的需求、人的个性的全面发展。

1. 人的能力的全面发展

人的能力既包括体力、智力，又包括认知能力、沟通能力以及创新创业能力等。人的创新创业能力是在长期的学习实践中熏陶锻炼而成的一种发挥主观能动性的能力，创新创业能力作为人的能力的一部分，对个体未来的发展起到至关重要的作用。

2. 人的需求的全面发展

人的需求指个体赖以生存和发展的多种需要，而人的需要往往与社会发展紧密联系。当前，我国创新型国家战略的实施必然需要一大批具有创新创业精神的人才。在这样的大背景下，人的需求的全面发展必然包含创新创业精神的培育，从而使人与社会更好地接轨。

3. 人的个性的全面发展

每个人的自由发展是一切人自由发展的条件。人的个性是个人的自我意识而养成的个人所特有的性格、兴趣、品格等的总和。人的个性全面发展就是要遵循自我的兴趣爱好，假如大学生有创新创业的兴趣，高校、社会、家庭应该给予支持而非去阻碍大学生兴趣的发展。

人的全面发展理论为高校大学生创新创业精神的培育提供了坚固的理论基石。创新创业是人的全面发展的必备要素，创新型国家的发展战略也需要一大批具有创新创业精神、创新创业能力的主力军。

（三）教育心理学理论

大学生创新创业精神的培育体现了教育心理学的基本理论，尤其体现在马斯洛的动机理论①之中。我国经济飞速发展，人民生活水平日益提高，人的需要层次也越来越高。大学生通过多年的学习，更加渴望自我价值的实现。创新创业精神的培育既是素质教育开展的要求，也是社会发展的需要。大学生通过高校创新创业精神的培育获得长远的发展，为实现自身价值提供基石。

大学生要想在今后的学习和生活中获得长远的发展必须具备探索和创新的欲望，这就是大学生创新创业精神。因此，大学生创新创业精神的培育首要的是让大学生通过大学教育，获取创新创业精神的相关知识。人的工作积极性与动机有关。通常情况下，二者是成

---

① 马斯洛的动机理论：动机是促使个体发生行为的内在力量。动机产生主要有两个原因：一是需要，另一个是刺激。

正比的，动机越强烈，工作积极性越高，工作效率也会随之提高。我国积极推动高校教育改革，目的就是要培养一批创新创业人才。通过大学生创新创业精神的培育，激发其创新创业的潜能，增强其参与相关活动的动机。高校教育质量的提升必须遵循教育心理学理论。

二、大学生创新创业精神培育的特性

大学生创新创业精神的形成是一个长期的过程，有赖于科学的培育内容、培育方法和培育手段。大学生创新创业精神培育首先是一种思想理念的培育，培育理念的核心决定了培育的发展方向；其次是一种学生能力的提升，其重点并不在于解决当前的就业问题，而在于不断提升自身的综合素质。

大学生创新创业精神培育是指学生在教师科学的指导下，通过理论学习与实践活动，将创新创业精神内化为个人行为习惯，强调培育过程和最终结果。下面从培育对象、培育内容、培育方式和培育生态四个方面对大学生创新创业精神培育中所表现出来的特性着手，深入研究大学生创新创业精神培育的特性，更好地把握培育的方向。

（一）培育对象的层次性

在传统的高校教育过程中，长期以来实行教师为主体，学生为客体的教育模式。大学生创新创业精神培育与传统的教育不同，培育的对象既有教师也有学生，教师同样也要接受再培训、再教育。创新创业精神的培育是我国高校进行深化改革的重要一环，是一种崭新的教学理念、科学的实践活动。教师的观念、素质、知识水平、创新创业精神以及能力，对大学生创新创业精神的培育十分重要，高校亟须一批具备高素质的教师队伍。因此，教师需接受新的教育理念，从而更好地投身于大学生创新创业精神培育的实践活动之中。

而且，不同阶段的学生有其自身的特点，如果在教学中过分追求学生的整齐划一，难免会造成千篇一律，埋没学生的个性，不利于学生创新创业精神的培养。大一的学生正处于过渡适应阶段，这个阶段的学生可塑性和可变性很强，高校应该注重对学生创新创业理论基础知识的传授；大二的学生通过一年的在校生活和学习，基本了解大学的情况，能够适应当前的学习与生活，大部分学生对自身定位和发展目标都有初步规划，自我表现和独立意识逐步突出。在这个阶段，高校要注重对学生创新创业精神的培育；大三、大四的学生世界观、人生观、价值观基本形成，无论在思想成熟度还是动手操作能力方面都有很大的提升，在这个阶段，对学生创新创业精神的培育主要在实践教学活动中开展。

面向全体大学生的创新创业精神培育就是要将创新创业教育纳入主渠道，着眼于每一位大学生，贯穿人才培养全过程。对于不同年级、不同专业、不同性格的学生进行创新创业精神的培育就是要根据学生的特点和需求进行有针对性的教育。为此，高校在创新创业精神培育的过程中，应该针对不同群体的个性化需求，区别对待、重点强化，提供各有侧重、更加精准的帮助和支持，以便更好地满足不同层次对象的特定需求，从而切实增强高校培育的针对性和有效性。

（二）培育内容的前瞻性

大学生创新创业精神的培育，不仅仅是一门教学理论，更是教育实践。创新创业精神培育绝非以追求学生就业率为目的，更重要的是在大学生中培养与内化这种意识。

大学生创新创业精神培育内容的前瞻性体现在以下三个方面：

1. 培育内容科学准确的判断

大学生创新创业精神培育内容是培养当前与未来创新型人才的核心任务之一，其科学准确性的判断对于学生的职业发展和创业成功至关重要。

（1）确认培养目标和内容：在创新创业精神培育上，学校应当清晰确定培养目标和内容，梳理出适合各学科专业和就业方向的培养体系。这需要学校和师资队伍对未来职业发展和创新型人才的需求、创新创业的本质和特征等方面有一定的认识和思考。

（2）结合实践案例、教学科研等资源：在创新创业精神教育中，学校可以结合实践案例和教学科研等资源，给予学生更具体和实践性的培育内容。学校可引进优秀的企业家和创新型领导人为学生提供丰富的创新创业成功的案例和经验分享，同时可以取材实践案例和行业调研等教学科研资源为学生提供充分的理论和经验支持。

（3）培养有针对性的创新能力：在培养创新能力的过程中，学校应注重培养学生的科技创新能力、企业创新能力和社会创新能力，切实将创新能力的培养与目标职业和就业方向相结合，切实使学生所学的创新和创业技能体现出真正的实用价值。

（4）强调实践体验和团队合作：在创新创业精神的培养中，学校应注意强调实践体验和团队合作的作用。学校可以通过校内创业竞赛、创新实验室、创业实践等活动为学生提供快速掌握创新技能所需的实践机会。同时，通过团队合作，学生可接触到不同职业和学科背景的同学和教师，促进信息互换和知识共成长。

（5）评估创新创业精神的培养成果：创新创业精神的培育成果需要进行科学认证和评估。学校应该制定适当的评估标准和方法，对学生创新能力和实践能力进行量化和质化的评价，不断完善培养模式，使学生的创新创业精神得到有效培养和提升。

综上所述，大学生创新创业精神培育需要有着清晰的目标、科学准确的教育内容、结合实践案例和教学科研等资源、强调实践体验和团队合作、科学评估培育成果等方面的科学准确性的判断，才能真正为学生创业和职业发展注入源源不断的创客活力。

2. 培育内容与培育目标的统一

大学生创新创业精神培育内容与培育目标的统一是非常重要的。只有确立明确的培养目标，并根据目标来设计相应的培育内容，才能有效地使学生获得创新创业精神，并为其未来的职业发展和创业奠定坚实的基础。

（1）确定培养目标：大学生创新创业精神培育的目标应该是清晰、具体的。例如，学校可能希望培养学生成为具有创新、创业精神的领导者，能够在各种不同的职业环境中发挥创新思维，并通过自己的努力成为成功的创业者。或者，学校可能更关注学生的专业化技能的培养，特别是在科技创新领域的创新能力方面。总之，学校应该为学生制定一系列切实可行的培养目标，以达到更好的培养效果。

（2）设计培养内容：确定了培养目标之后，学校应该针对目标为学生设计培养内容。培养内容应该包括多种教育形式，例如课程设置、实习与实践活动、创业基地建设、科研项目、比赛和科技创新等，以使学生在多方面受到创新与创业的启发和鼓舞。

（3）联合创新创业企业和组织：大学可以与创新创业企业和组织合作，使得学生接触到真实的商业环境和情况。这样的合作使学生有机会接触到实际创新创业的过程，并能了解创业企业和组织的文化及其工作方式。

（4）培养实践能力和团队合作：实践和团队合作对于创新创业精神的培育是非常重要的。学生应该接受实践教育，并参加各种活动，最终在一个相对稳定和友好的小组环境中完成创新和创业项目。这种团队环境和经验，可以帮助学生锻炼实际操作和团队合作能力、交流和沟通的技能，有利于今后的职业和创业成功。

（5）评估培养效果：为评估培养效果，学校可以制定相应的评估指标，例如学生的创新和创业能力、实践经验和成就、科技创新竞赛成绩及创业成功率等，此外，学校还可以搜集毕业生及其所创立企业的追踪报道，以反哺培养课程的效果。

总之，大学生创新创业精神培育内容与培育目标的统一是非常重要的，通过培育课程内容与目标的协同建设，学校可以为学生带来更好的职业体验和实践课程，有效培育学生的创新创业能力，从而为社会和经济的发展做出贡献。

3. 培育内容的不断完善

发展观认为世界上任何事物都处在不断变化之中。今天的中国面临的机遇与挑战与过去的中国面临的机遇与挑战相比已经发生了很大的改变，未来所面临的机遇与挑战仍会发生改变。大学生创新创业精神的培育内容正是结合新时代的要求而提出的，并不断完善，与时俱进。

（三）培育方式的实践性

大学生创新创业精神的培育不能仅仅停留在教师单方面传授知识的层面上，而要注重与学生的互动，并且在学生掌握理论知识的基础上引导学生参加相关的实践活动，通过实践环节使学生不断地积累经验。因为大学生创新创业精神培育就其本质而言是社会实践的需要，其培育方式必然离不开实践。创新创业精神培育的最终目的是要让学生在未来的发展中更好地实现自身的价值，有一个更美好的未来。

因此，高校在进行大学生创新创业精神培育时，无论在课程设置还是其他教学活动方面都要注重实践所占的比重，让学生在实践中不断提升能力。通过社会实践，将社会中那些不畏艰苦、勇于奉献、敢于拼搏等精神灌输给大学生，并引导学生在实践活动中发挥这些精神的作用，通过在实践中运用、感悟，最终内化。

大学生创新创业精神培育的践行，其本质与大学生自身的认知水平和心理发展规律有密切的联系，重点在于对实践活动进行调控，切入点则是实践活动中出现的各种问题，最终的目的是使大学生获得全面的发展。高校为培育学生的创新创业精神，提供大量的实践活动，为大学生提供一种真实的就业创业情境。通过在这一情境中的不断实践，大学生能够获得发现问题、解决问题的能力，并提升自己在调控方面的能力。创新创业实践活动具有非常明确的教育意义和价值，是实现创新创业精神培育目标和任务的主要途径和重要方式。

（四）培育生态的立体性

大学生创新创业精神的培育不是在封闭的环境中形成的，仅通过课堂、教材等校园渠道是不利于大学生创新创业精神培育的。大学生创新创业精神的培育不仅与学校环境有关，还与家庭环境、社会环境等有关。大学生创新创业精神培育的校园环境与周边环境对大学生创新创业精神的培育有着重要的影响。

比如：政府出台扶持大学生创新创业的政策越有利于创新创业活动，就越能激发大学生群体的创新创业热情，促使更多潜在的学生选择创新创业。因而，良好的政策导向有利于优化大学生创新创业的社会环境，激发大学生创新创业意识，从而有效地促进大学生创新创业活动的开展；经济发展又快又好的地区，会提供较多的创新创业机会与资源；亲朋好友中有创新创业经历的学生往往对创新创业表现出浓厚的兴趣。

除此之外，大学生创新创业精神的培育也不能缺少社会舆论环境的支持。因此，大学生的创新创业活动需调动各方，形成一个合力，在宽松、和谐、公平的大环境中进行。只有在这种大环境下，才能够使学生不断开阔视野、提升其综合素质、激发其创新创造的潜能。各方相互协调、步调统一，在新时代的背景下，引导并激发大学生创新创业精神与意识。在经济条件、政策支持、家庭观念等各方面不断完善的前提下，让大学生拥有创新创业的热情，培养其创新创业的能力。

三、大学生创新创业精神要素与能力结构

（一）大学生创新创业精神要素分析

青年是国家和民族的希望，创新是社会进步的灵魂，创业是推动经济社会发展、改善民生的重要途径。青年学生富有想象力和创造力，是创新创业的有生力量。青年学生应把自己的人生追求同国家发展进步、人民伟大实践紧密结合起来，刻苦学习，脚踏实地，锐意进取，在创新创业中展示才华、服务社会。以"创业梦，中国梦"为主题，传播创业文化，分享创业经验，弘扬创业精神，有利于激励更多青年特别是青年学生开启创业理想、开展创业活动，为实现中华民族伟大复兴的中国梦贡献力量。由此可见，创新创业对于我国建设创新型国家的重要性。创新精神是科学精神的一个方面，以遵循客观规律为前提。只有符合客观规律和客观需要时，创新精神才能顺利地转化为创新成果。大学生创新创业精神主要是指大学生勇于创新并敢于承担风险的一种精神状态，是大学生依据社会和自身发展的需要所产生的创业动机和创业意愿，是创业的先导。创业者的创新创业精神要素包括以下方面：

1. 自主创新精神

自主创新精神是创新创业精神的核心。自主创新精神是具有独立人格和独立性思维能力的人，不受传统和世俗偏见的束缚，坚持自己选择自己的道路，并通过拥有自主知识产权的独特的核心技术以及在此基础上实现新产品价值的精神。自主创新涉及原始创新、集成创新和引进技术再创新。而自主创新离不开创新思维，创新思维的过程总和某个具体的问题密不可分，即问题就是思维的起点，所有的创新思维都包含了问题的解决过程。

首先，问题情境的分析，它是创新思维的开始，唤起人们认识的需求，问题情境各个结构因素由思维从不同方面进行探究，弄清各因素之间的相互关系；其次，提出问题，在问题情境分析中确定情境里引起困难的那个因素，即问题；最后，提出解决问题的方法，

这需要发散思维，在认识到问题的存在和本质后，就进入了发散思维阶段，这时以解决问题的关键为出发点，重新组合和应用以往经验，广开言路，尽可能多地提出解决问题的方法和途径。发散思维要多角度展开，不受限于现有的知识范围，不遵循传统的固定方法。我们在对大学生创新创业精神培育中，要认识到这种持续的创新性思维是决定创业者后续发展的关键所在。

2. 开拓进取精神

开拓进取精神是在学习现有的创新创业理论以及实践案例基础上，根据自己的兴趣以及当前社会形势寻找一条适合自己创新创业道路的精神。同时，在创新创业的过程中，需要紧跟社会步伐，学习新理论和新技术，时刻保持自己的先进性，要树立不怕困难、勇往直前的坚定信念。作为新时代的大学生应该勇于突破，不墨守成规，灵活地借鉴先辈们的优秀成果。开拓进取精神包括以下方面：

（1）开拓性思维。思维的过程总是从一个环节逐渐过渡到另一个环节的。因此，我们需要借助开拓性思维来把握事物的全貌，并且不断学习探索是否可以将它们运用到自己的工作中来，或者把它们应用于其他领域。具有开拓进取精神的人是有统摄推论各个环节并通过概括手段来驾驭它的能力。

（2）开拓新路、转移经验的能力。大学生创新创业精神中的开拓新路、转移经验能力表现在不断探索新的市场机会、解决问题的创新思维以及学习并应用新技术的能力上。他们在创业过程中需要不断地寻找新的商业模式、创新的产品设计和服务方案，这需要他们具备开拓新路的精神，能够踏出舒适区，勇于尝试新的方法和思维模式。此外，他们还需要具备转移经验能力，将已经掌握的技能和经验应用到新的领域中，以更好地应对创业过程中的挑战和机遇。这些能力的培养需要大学生在学习中注重实践和探索，在实践中不断总结经验并将其应用到新的情境中，这样才能更好地发挥创新创业精神的作用。

3. 勇担风险精神

勇担风险精神是在实施创新创业的道路上，需要培养自己在新社会形势下的胆识和魄力，经过充分准备、周密思考和细心计划后提出的创新创业想法，需要勇于尝试，利益和风险往往并存，需要我们在实践中去勇担风险、克服困难的精神。在创新创业过程中，风险和机遇是共存的，充满了未知的挑战，只有敢于冒险的人才能抓住机遇。而创新创业本身就是一种冒险活动，一种开创新事业的活动。在开创过程中，存在着无数的未知和不确定性。因此，大学生创新创业必须具备冒险精神。

勇于冒险，勇于尝试，才有可能将理想变成现实。大学生应该敢于实践，敢于冒险，勇于承担风险可能带来的结果。并且，大学生要具备良好的风险评估能力，有胆有识，并据此采取适当的行动来想出驾驭风险的有效方法和对策，以便减少未知风险可能带来的损失。因此，创新者的创新开拓、创新设计要有风险意识，应该具备敢于承担风险的心理准备，善于化解风险的创新能力。

对于大学生创业者来说，应该具备勇担风险的精神，善于化解风险的能力，要有足够的勇气直面困境。世界上没有一个伟大的业绩是由事事都求稳操胜券的犹豫不决者创造的。成千上万的人做着创业梦，然而却只有少之又少的人付诸行动。

4. 团结协作精神

创业需要团队协作精神，即协作精神和大局意识的集中体现。团结协作精神是团结一切可团结的力量，在创新创业中各自发挥优势、精诚协作，共同克服困难的精神。创新创业者要从大局出发，要有大局意识、协作精神和服务精神。团结协作精神的基础是尊重个人的兴趣和成就，核心是协同合作，最高境界是全体成员凝心聚力，反映了个体利益和整体利益的统一，并保证组织的高效率运作。因此，作为一名创新创业者就需要充分发挥团队中每个人的个性，将其安排在合适的岗位，进而充分发挥集体的潜能。

一个人的力量是有限的，只有融入一定的团队才会形成凝聚的力量。现在知识经济时代的创新创业活动依靠个人的力量很难完成，更多的是以团队的形式来实现。因此，一个企业的发展也只有依赖团队的集体力量才能快速地凝聚能量，将企业做大做强。而一个创业团队的建立及团队合作精神的发扬是创新创业的不竭动力，其中团队协作精神是现代社会中不可缺少的。在学科交叉、技术集成、知识融合的背景下，每一个人都是社会中的人，都在各自的团队里，团队成员之间相互学习、相互影响，任何人脱离了团队都无法在当今社会长久生存。只有善于同他人合作，才能兼收并蓄，集思广益，才能有所突破，有所创新。

大学生应该有意识地树立团队协作精神，学会团队协作，能够一起努力促进团队的完善，实现团队目标，同时实现自我成长。大学生在学校里积极参加专业、社团活动等，是训练团队合作精神的一种有效方式。

5. 踏实肯干精神

踏实肯干精神是在创新创业过程中脚踏实地、不浮躁、不冒进，工作上做到一丝不苟、任劳任怨、坚持不懈的精神。创新创业是一个漫长的过程，困难与挫折如家常便饭一般，需要大学生有着踏实肯干的精神，靠自己脚踏实地地去做，即使遇到困难和挫折的时候也要沉着面对，逐渐积累经验。

6. 吃苦耐劳精神

吃苦耐劳精神是在创新创业过程中能忍受贫困清苦的生活，能经受磨难的考验，具有不怕困难、勇往向前的精神。要做到吃苦，那么需要先认识吃苦，因为认识的深度决定行动的力度。我们作为个体，在社会上要有一席之地，就必须面对各种各样的困难和挫折，因此要学会自立。而学会自立，就要学会吃苦。人生的路途好比攀登山峰一般，越是往上爬，越觉得吃力。有路途的坎坷、自身的体力耗损，以及无法预知的风险。很多人面对困难重重，步履维艰的情况会在半路选择放弃，而最终能够到达山顶的人，往往是那些面对困难的时候，依然选择坚持到底的人。成功的路上并不拥挤，只有坚持下去、把困难和挫折都克服之后，才能登上山之巅，领略无限美好的景色。

所以，在平时的学习、生活中，要意识到吃苦是一种财富，是一种资本，并在学习、生活中自觉坚持。学校方面可以扩大学生参加假期三下乡社会实践活动的名额比重，争取让更多的学生有机会去农村磨炼，锻炼吃苦耐劳的精神。三下乡活动在校园与社会之间架起了一座桥梁，这座桥梁，让学生对社会有了更深的了解，促进了大学生综合能力的提高。

（二）大学生创新创业能力结构的构成

创新能力主要是指发现新问题、提出新方法、建立新理论、发明新技术的能力，是创新型人才必须具备的基本能力。创新能力的培养重在培养创新思维能力、动手操作和实践活动能力及最终解决问题的能力。创业能力是指能够顺利实现创业目标的特殊能力，包括专业技术能力、经营管理能力和社交沟通能力、分析和解决实际问题的能力、把握机会和创造机会的能力等。大学生创新创业能力是大学生在学习知识和积累经验的基础上，对所学理论知识进行系统和科学加工，从而产生新思想、新概念、新知识、新方法，并应用它们创造性地解决新问题的能力。

创新创业能力结构是指一个人所具备的能力类型及各类能力的有机组合，它是由知识、技能、经验等多个要素构成的系统结构，在这个结构中，各要素相互作用，对创新创业的事业发挥着作用。大学生创新创业者仅凭一时的创业激情是远远不够的，还需要具备能够新创企业的能力，否则也难成大事。我国大学生创新创业能力的要素分为一般要素和特殊要素两大类。

1. 大学生创新创业能力结构中一般要素分析

一般要素包括社会交往能力、组织领导能力、分析决策能力、抗挫能力。

（1）社会交往能力是能够妥善地处理与公众（政府部门、新闻媒体、客户等）之间的关系，及协调下属部门成员之间关系的能力。人的本质在现实性上是一切社会关系的总和，因而人的本质属性是人的社会属性，这决定了人类以群居的形式生活。

良好的人脉关系对于创业者来说是非常重要的资源，也可以称为社会交往关系，在机会识别、资源获取以及企业合法性获得等方面都起着举足轻重的作用。因此，社会交往能力对于大学生创新创业来说，是不可或缺的能力。创业者在社会交往中需要树立互利共赢的核心原则，而人际关系的稳固根基是信誉，这是人际交往关系可持续发展的基本保障。创新创业者应该做到妥当地处理与外界的关系，尤其要争取政府部门、工商以及税务部门的支持与理解，同时要善于团结一切力量，求同存异共同发展，做到不失原则、灵活有度，善于将原则性和灵活性结合起来。

总之，大学生创新创业者要搞好团结，处理好人际关系，营造一个有利于自己创业的和谐环境。大学生创新创业者要从进入大学校园开始，有意识地提升自己的社会交往能力，例如：利用课余时间多参加社团与社会实践活动，或者每周结交一个陌生人，并且还要有意识地提高交往的质量，逐步拓展人际关系。社会交往能力强的人，可以在关系网络中游刃有余，解决别人难以解决的问题，大大提高工作效率，并且能与周围的伙伴愉快地形成合作关系，进而产生强大的凝聚力。

（2）组织领导能力是为了有效地实现预设目标，灵活地运用各种方法，把各种力量合理组织和有效协调起来的能力，包括协调关系的能力和善于用人的能力。组织领导能力是个人的知识和素质等基础条件的外在综合表现。组织领导能力主要体现在以下方面：

第一，组织能力。要想创业成功，必须依赖于一个成功而高效的组织。加强团队管理，必须具备较高的组织管理能力，学会运用各种方法来激励员工，使员工之间形成较强的向心力，推进组织目标的顺利实现。

第二，指挥决策能力。创业者要有效地协调和配置人、财、物等各方面资源的指挥能力，而决策能力是保障创业成功的重要前提。决策能力是在掌握内部环境和外在环境的基础上，对重要问题进行快速有效的分析判断，进而做出正确决策的能力。

第三，沟通能力。创业者具备良好的沟通能力，能够创造和谐的团队氛围，和同事、客户之间形成良好的互动关系，还能提高组织内外部的凝聚力，以便促进更好的协同合作关系。

第四，情绪控制能力。作为大学生创新创业者，其自身情绪好坏的外露，将严重影响到团队成员的工作情绪和工作热情。因此，不管在任何情况下，大学生创新创业者应该尽量把不良情绪控制在不影响其他成员的范围内。

（3）分析决策能力是创新创业者根据主客观条件，因地制宜，正确地确定创新创业的发展方向、目标、战略以及具体选择实施方案的能力。在实践中，创新创业者根据当前事物的发展趋势及整个外界大环境的变化，实时做出相应的调整。创新创业者的决策能力通常包括分析和判断能力。

大学生在创新创业的过程中，要从错综复杂的现象中发现事物的本质，找出存在的真正问题，分析原因，从而正确地处理问题，这就要求大学生创新创业者具有良好的分析能力。

判断能力是能从客观事物的发展变化中找出因果关系，并善于从中把握事物的发展方向，分析是判断的前提，判断是分析的目的，良好的决策能力是良好的分析能力加果断的判断能力。决策是在综合分析的基础上做出决断，确定事物发展的方向，是要从整体出发，权衡利弊，当机立断，把握大局。

（4）抗挫能力是人们要克服、战胜在从事有目的的活动中遇到障碍和阻力，致使个人目标不能实现、个人需要得不到满足时产生的内心体验的一种能力。大学生也常会遇到学习和生活上的困难等，难免会产生一定的挫折感。实际上，成才之路就是一个不断战胜挫折和不断前进的过程，如果大学生创业者要有所作为，就必须正确看待和克服创业过程中的挫折，不断提高自身抗挫能力。

第一，大学生创业者需要辩证地看待挫折。每个人的人生道路上都无法避免挫折，挫折是一把双刃剑，既可能为我们的发展带来阻碍，也可能促使我们变得更强大。所以大学生创业者在遇到挫折时，要适当调整自己的期望值，选择最佳方案。即使面对挫折，也要坦然面对，调整好心态，将挫折看成自我锻炼的机会，努力去克服挫折。

第二，大学生创业者需要培养坚强的意志。意志是人们自觉地确定目标，并根据目标调节支配自身行动，克服困难并实现预定目标的心理过程。而坚强的意志是一个人适应现实，求得生存和发展所必不可少的奠基石。

2. 大学生创新创业能力结构中特殊要素分析

我国大学生创新创业能力结构中的特殊要素有专业技术能力、经营管理能力、市场营销能力、把握机会和创造机会能力、财务能力。

（1）专业技术能力是创业者掌握和运用专业知识进行专业生产的能力，即具备的企业管理知识，国际金融、财会等方面的专业知识，企业管理经验和新创企业所涉及的技术、工艺知识，必备的外语、计算机及网络基础知识，及行业相关的法律、法规等基本知识技能。在创业过程中主要是新创企业所涉及的技术、工艺知识，必备的外语、计算机及网络基础知识等行业专业知识不同，往往专业知识是创业成功的关键因素。

在目前社会高度分工的情况下，大学生要进行创新创业需要全面学习自己专业相关的知识，包括产、供、销等方面的内容，并且准确地把握创业活动中的专业知识。在宏观的社会大背景下，政府对于创新创业是持支持态度，鼓励大学生进行创新创业，并出台一系列优惠政策；颁布和完善了相关的法律法规，为大学生创新创业创造了一个良好的社会环境。在登记注册、小额贷款、税费减免、员工待遇等方面，政府部门为大学生创新创业提供了便利；相关法律的出台同样为大学生创新创业提供了法律保障。

（2）经营管理能力是对人员的选择、使用、组合和优化，以及对资金的聚集、核算、分配、使用、流动等相关管理能力。创业者所创办的企业，其生产经营的各个要素都是要靠人的参与才能发挥作用的。如何使员工始终保持旺盛的士气、高昂的热情以及主人翁的精神投入创业实践活动？这需要创业者掌握人力资源开发与管理的技巧和艺术。

经营管理能力在现代社会中的地位和作用不断提高，管理的现代化对大学生创新创业的经营管理能力提出了更高的要求。若只有先进的专业技术知识，而没有与之匹配的先进经营管理，大学生的创新创业活动就会被限制。可见，经营管理是创新创业活动的重要环节。

随着社会劳动分工越来越精细，以及企业规模的扩大，社会对于创新创业者的经营管理能力提出了更高的要求，所以创业者必须掌握一定的经营管理能力。具体包括：一要学会质量管理，始终坚持质量第一的原则。质量是生产物质产品、从事服务业和其他工作的生命，创新创业者必须树立牢固的质量观；二要学会效益管理，要坚持效益最佳原则，效益最佳是创业的终极目标。在创业活动中做到充分发挥人、物、资金、场地、时间的作用，使创新创业活动有条不紊地运转。

（3）市场营销能力是指企业通过向顾客提供能满足消费者需要的产品和服务，进而实现企业目标的经营理念和战略管理活动相关的能力。市场营销能力涉及市场预测与调查，消费心理和特点，产品定价策略和促销策略，销售的渠道及方式等。营销是创新的基础，有优秀的营销理念，即充分了解市场、产品，制定正确的战略目标之后，你才有资格进行创新。对于一个创新企业来讲，市场营销是创业成败的关键。

首先，产品定位策划涉及捕捉市场机会、挖掘市场细分、选择目标市场、制定定位策略和传播定位观念；其次，采用营销组合策略，市场营销组合是企业在锁定的目标市场上，综合考虑大环境竞争情况以及企业自身可以控制的因素，优化组合，以完成企业的任务；再次，采用渠道策略，对于创新创业者来说，考虑到创业成本，可以选择低成本的分销渠道，如直接邮购、电话销售、互联网销售和自动售货等；最后，采用促销策略，在企业创建初期，其知名度较小，能运用的资源也相对较缺乏，这时可以选择人员直接推销和选择适当的媒体进行推广。

（4）把握机会和创造机会能力。创新创业者是由创业机会驱动来进行创业的，而创业机会是来自于市场环境中存在的某种不足，创业者能以更好的方式提供更好的产品或者服务来弥补这方面的不足之处，进而获得盈利的可能性。大学生创新创业是从发现、把握、利用某个商业机会开始的。创业机会的识别是对创意进行筛选从而形成商业概念的过程。先知先觉是一个创新创业者必备的条件，它要求创新创业者要发现新的、潜在的机会，培育并把握这个机会。正是由于创新创业者对外界变化的敏感性，大多数的创新创业者才能很好地抓住机会，实现自我的目标。

大学生创新创业要发现创业机会，需要了解形成特定创业机会的原始动力。只有把握了引发创新创业机会的原始动力，随时关注这类动力的变化，才能及时地发现和辨识存在的创新创业机会，及时预测未来的创新创业机会。特定创业机会的原始动力主要包括：①新技术的进步；②消费者偏好的变化；③市场需求和市场结构的变化；④政府的大政策方针调整；⑤国内外环境的变化。

如果大学生创新创业者能敏锐地发现这些变化，就能够发现机会，把握机会，进而率先赢得创业的先机。辨识潜在的创新创业机会要从某个创业机会的各方面来发现其吸引人和不吸引人的方面，判断某个创业者利用某个特定创业机会的商业前景是什么。机会之中蕴含着商业利润，发现具有吸引力的商业机会是创业成功的基石。进行创业机会的辨识，是为了在众多的机会中，通过综合分析判断，进而将其筛选，发现可以利用的商业机会。从部分创业者的经验中可以发现错失机会固然没法创业，但是抓错机会也更是无助于创业成功，由此可见辨别创业机会的重要性。

对创业机会进行正确辨识，需要从以下方面进行分析和判断：

第一，特定创业机会的原始市场规模，即特定创业机会形成之初的市场规模，它决定新创企业最初阶段投资活动可能实现的销售规模，决定着创业利润空间。通常来说原始市场规模越大越好，因为一个新创企业即使占领了很小的市场份额，只要原始市场规模够广，也很有可能获得比较大的利润。但是，万物都具有两面性，当原始市场规模较大时，提供更多的机会可以吸引大量的竞争者，甚至不乏强有力的竞争者。对于资本能力、技术能力、运营能力较低的新创企业情况是不容乐观的。因此，针对资本能力、技术能力、运营能力较强的新创企业来讲，原始市场规模越大越好。相反，对资本能力、技术能力、运营能力较弱的新创企业来讲，比较适合原始市场规模较小的区域，因为原始市场规模较小的区域，其竞争对手也相对较少和较弱，并且资本能力较弱新创企业可以根据市场的成长性和进程不断地调整自己，使得自己适应于市场的成长。

第二，特定创业机会存在着时间跨度，特定创业机会的性质决定了一切创业机会都存在于某段有限时间之内。通常来说，创业机会存在的时间跨度越长，新创企业调整适合自己发展的战略及整合市场的空间越大，这样有利于新创企业后续壮大发展。特定创业机会的时间跨度是动态变化的，随着行业需求和商品需求相应的变化而变化。

第三，良好的创业机会具有稳步增长的市场需求，可以获得发展所需的关键资源，可以通过创造市场需求来创造新的利润空间，以及特定的创业机会风险是明朗的状态。良好的创业机会具有稳步增长的市场需求，在前景市场上，前3~5年的市场需求要稳步且快速增长，新创企业才有较大的盈利空间，进而快速成长壮大。获得发展所需的关键资源涉及技术资源、信息资源、公共关系资源和资本资源，这些关键资源为新创立的企业获得发展提供了保障。通过创造市场需求来创造新的利润空间是指市场可以创造出来，那么新创企业要占领市场和获得利润，需要依靠自己去开发新的市场需求。例如，随着现代社会科技的发展，洗衣机发明和普及，都是通过创造市场需求来创造和扩大利润空间，占领市场，获取额外的利润空间。特定的创业机会风险是明朗的状态，创新创业者能搞清风险的具体来源及其结构，把握风险、规避风险，进而降低风险带来的损失，提高风险收益。

创业机会辨识能力较强的企业可以寻找到更多的创新机会，更多的创新机会使得新创企业可以选择更有竞争优势的突破性创新方式。创新机会是创新企业战略管理的关键因素。机会识别与开发能力的一个重要特征是需要对创新机会有着敏锐的警觉性和洞察潜在商机的意识。机会识别就是洞察那些具有潜在商业价值的初始创意，要求创业者具有警觉性和洞察潜在商机的意识。大学生能够敏锐地识别和捕捉到创新创业机会，做出与众不同的决策，正是这种识别能力的差异才使得创业机会显现时，大部分人没有及时感知，只有少数人才能发现。

（5）财务能力是指创业者具备财务管理、识别账目的能力。在现代化经验管理的时代，财务信息对创业者掌握企业的经营状况以及预测未来的经营前景具有重要作用，因此创业者需要具备财务能力。

第一，需要掌握不同的资金筹集方式方法。因为不同来源的资金，其使用时间的长短以及成本的大小都不尽相同，创业者在筹集资金的时候需要考虑其资金结构的合理性、所担风险和资金成本的大小等因素，从中选出最有利的筹资方案。

第二，需要做好对资金的整体控制和调节。创业者需要重视资金的控制、调度、核算和分析方面的工作，增产节约和增收节支；在资金运转过程中，要及时组织资金偿付债务，避免资不抵债的情况发生；还要根据现有的资金，把握投资的机会；以及建立健全资产管理责任制度。

第三，要实行财务监督，维护财务的纪律。财务监督是根据国家和财税局的相关政策，借助价值形式对企业活动所进行的控制和利润分配，其目的在于执行国家的财经纪律，进一步促进企业规范经营。

第二节　大学生创新创业精神培育的内容与意义

一、大学生创新创业精神培育的内容

（一）以锐意进取为核心的创新精神

大学生创新创业精神的灵魂是创新精神，创新精神的要素有批判精神、科学精神、开拓精神及自主精神。创新精神是敢于质疑旧事物的思维方式，是社会发展的不竭动力，是国家发展进步的源泉，具备创新精神也是大学生成长和发展的重要条件。

随着全球化经济的突飞猛进，创新精神在我国将是一个永不过时的话题，在我国"大众创业，万众创新"社会背景下创新型经济已经初见端倪，培育创新型高等人才，创新精神起到的作用显而易见，大学生创新创业精神的内涵中重要的一项就是以锐意进取为核心的创新精神。

（二）以求真务实为基础的奋斗精神

奋斗精神是我国人民的优良传统。奋斗精神是勇于斗争的精神，是顽强克服困难的精神，是在逆境中奋发向上的精神。大学生创新创业精神的依托是奋斗精神。从艰苦奋斗的角度来看，随着我国综合国力的提高和经济的发展，人民生活水平有了巨大的改善，而一部分大学生相当于温室中的花朵，安逸的环境使他们出现了缺乏奋斗精神的现象。奋斗精神使人一步步接近自己的创业设想，是莘莘学子实现梦想的推动力。大学生大力弘扬奋斗精神、大兴艰苦奋斗之风，十分重要而紧迫。

（三）以团队协作为前提的合作精神

大学生创新创业精神培育的重要一环就是培养高校大学生的合作精神，创业者寻求团队合作的重要目的就是弥补自身的不足，毕竟团队的力量是不容忽视的。当今大学生如果没有合作精神，成功创业非常困难，很多创新创业成功案例的背后都有一个团队在起着重要的作用，创业英雄的背后往往都站着一个强大的团队。思维发散、朝气蓬勃的新时代大学生更应该形成合作精神，表现为形成团队，将努力凝聚起来，团队拥有一致的目标，同舟共济，共同承担风险与责任，知识共享，信息共享，优缺点相互弥补，彼此尊重，这样的大学生合作成功的概率要远远大于独自创新创业形式。这种合作精神的价值意义在于提高大学生的"耐受力"，所谓"耐受力"就是抵抗和应对挫折的一种能力。有合作精神的大学生团队可以更好地适应社会创新创业环境，主要体现在捕捉商机，交流经验，降低商业风险，提升创业生存能力。

（四）以开拓进取为动力的冒险精神

冒险精神是一种探索新事物的勇气，是一种执着不服输的精神，是一种开拓进取、勇往直前的精神。风险作为一种历史现象，它伴随社会发展的始终。大学生创新创业精神需要冒险精神，当今任何创新创业行为都是存在风险的，风险和机遇共存，市场环境瞬息万变，停滞不前，一味追求原有旧事物的稳定安全，最后只能在残酷的市场竞争中被淘汰。大学生要善于突破僵化的思维，直面风险并且在风险中稳步前进，这需要具备冒险精神。冒险精神不仅仅是一种顽强坚韧、勇于探索的意志，更是一种善于把握机会的卓越品质。冒险精神不是一味地鼓励冒险，而是科学的冒险，包括风险的识别能力、风险的判断能力、风险的掌控能力和当风险转化成现实困难的危机处理能力。冒险精神也可以促进创业者的企业在市场中不断地更新和升级，没有冒险精神的创业者很有可能因为眼前的些许成功就止步不前，错过最好的时机，最终被市场淘汰而失败。

（五）以肩负责任为使命的担当精神

培育大学生以肩负责任为使命的担当精神，是新时代、新战略、新安排对大学生的精神要求，对大学生成长、就业、服务社会具有重要意义，能使大学生坚定民族使命、提升社会责任感、成就美好的人生。大学生在充分开发自身内在创新创业潜能的同时，应该具有以肩负责任为使命的担当精神。大学生的这种肩负责任的担当精神主要体现在爱国主义情怀、强烈的社会责任感、正确的自我价值观。大学生创新创业的担当精神需要大学生把创新创业和祖国的需要结合起来，把振兴祖国、奉献社会作为目标，应该持续关注国家的发展。

社会是一个共同体，人与人，人与社会必然要发生各种联系，社会是以个体为组成要素，为个体的发展提供基础与保障，社会的发展直接影响个体的利益，社会的强大影响个体的发展。社会担当精神要求大学生正确处理个人、集体与国家的利益关系，自觉维护社会利益，所以大学生创新创业精神的内涵需要大学生的社会责任意识和大学生担当精神。

二、大学生创新创业精神培育的意义

20世纪90年代以来，创新创业已经成为当代经济发展的基本途径，在国家经济振兴，社会快速发展中起着非常重要的作用。大学生创新创业精神培育对大学生创新创业精神的形成具有导向作用，对大学生创新创业能力的提高具有促进作用，对创新型国家建设，实施创新驱动发展战略，具有重要意义。

（一）对大学生创新创业精神的形成具有导向作用

大学生创新创业精神培育对大学生创新创业精神的形成具有导向作用，需要渗透于高校教育的各个环节。大学生创新创业精神培育对大学生创新创业精神的导向作用在基础方面着重体现在创新创业理念的培养、创新创业文化的培养、创新创业合作精神的培养。

大学生创新创业精神培育注重对大学生创新创业先进理念的培养，使大学生敢于打破常规，敢于否定旧事物，能够及时掌握新事物市场规律和发展前景。在实际高校培育过程中表现为参加创新创业大赛、模拟商业计划书的制订等。

在创新创业文化培养方面主要体现在校园文化建设上，高校具有特定的文化气息和精神环境，将创新创业文化渗透到高校校园文化中，对大学生创新创业精神的形成有着重要作用。

创新创业合作精神的培养应形成团队，团队成员之间知识共享、信息共享、彼此尊重。在实际培育过程中主要体现在形成高校大学生创新创业联盟、大学生创新创业协会、大学生创新创业俱乐部等。

大学生创新创业精神培育对大学生创新创业精神的导向作用在道德方面着重体现为爱国主义情怀、自我价值观、社会主义道德观。大学生创新创业精神培育把践行爱国主义精神与创新创业相结合，其意义在于引导大学生不忘报国之志，把个人的发展与中华民族伟大复兴的中国梦相结合。通过高校的创新创业精神培育实践，在创新创业的实践中认识自我价值，形成正确的自我价值观。

（二）对大学生创新创业能力的提高具有促进作用

大学生创新创业能力的提高对国家和民族具有重要意义，大学生创新创业精神培育是以高素质创新创业人才培养为根本宗旨的一种崭新培育方式，对大学生创新创业能力的提高起着至关重要的作用，主要体现为：有利于转变大学生的就业观念、树立大学生的创新精神、增强大学生的创业意识、帮助大学生掌握创新创业方法、形成克服困难开拓进取的品质。

从大学生创新创业精神内涵的角度分析，大学生创新创业精神涵盖了锐意进取的创新精神、求真务实的奋斗精神、团队协作的合作精神、开拓进取的冒险精神、肩负责任的担当精神等，大学生创新创业精神培育客观上提高了创新创业能力中的创新能力、组织协调能力、随机应变能力、团队合作能力、预见风险的能力、组织决策能力，为大学生在创新创业的道路上走向成功，打下了坚实的基础。

（三）对创新型国家建设具有助力作用

大学生作为推动社会进步的栋梁之材，应该具备强烈的社会责任感，投入到祖国建设中去，自主创新创业，发挥自身潜力，成为创新型国家建设的主力军。创新型国家建设的关键毋庸置疑，必然是人才。人才是社会发展的重要生产力，高校的根本任务是立德树人，在于弘扬高尚品德，使学生德才兼备。

高校是一个精神的理想家园，应该让每一位大学生都能自由全面地发展，为创新型国家输送具备创新创业精神的大学生，这种具备创新创业精神的大学生表现为：拥有自主创新创业意识、具备创新创业基础知识和能力、有理想有担当有激情，在创新创业中具有良好的自我修养。无德不可能具备创新创业精神，如果缺少德行，即使他具备能力，对社会、国家而言也失去了意义，大学生创新创业精神的培育可以引导大学生在创新创业的实践中形成积极的社会主义道德观，使大学生才德兼备。

第三节　大学生创新创业精神培育的具体对策

随着创新创业精神的提出，国内许多学者呼吁高校全面开展对大学生进行创新创业精神培育工作，将创新创业精神培育纳入高校教学课程体系中。大学生创新创业精神培育不是一蹴而就的教育，需要考虑社会、高校、家庭各方面影响因素，需要持续不懈的努力。高校应该重视起大学生创新创业精神培育，从实际出发，全面深入地探索大学生创新创业精神培育路径，针对大学生创新创业精神培育出现的问题，提出有效的对策。

一、优化创新创业环境，营造良好的培育氛围

大学生创新创业精神培育越来越受到高校的重视和社会的关注。

首先，近年来各高校举办了各式各样的宣讲、活动、竞赛来促进大学生创新创业精神培育。高校是大学生学习发展的主阵地，高校环境应该受到足够重视。高校环境分为物质环境和精神环境，物质环境是指学生学习和生活的物质条件，精神环境是指学术气氛、校风、学风。注重营造良好的培育氛围，充分发挥校园精神环境的作用，对大学生创新创业精神培育有很大的促进作用，高校应该营造校园创新创业气氛。其次，家庭教育是高校教育的助力，大学生创新创业精神培育离不开家庭教育的正确引导和配合，转变家庭传统教育观念尤为重要。同时，社会应该注重大众传播媒体宣传，为积极推动大学生创新创业精神培育助力。

（一）营造校园创新创业氛围

高校作为大学生学习和生活的地方，校园环境可以潜移默化地影响大学生创新创业精神的形成。校园环境是大学生创新创业精神培育的土壤，它对大学生全面发展具有重要的意义。因此，建设带有创新创业氛围的校园环境是必要的。

营造校园创新创业氛围主要表现在培养学生创新精神、奋斗精神，激发大学生创新创业兴趣、对社会的责任意识、团队合作的凝聚力等方面。高校校园环境建设的意义在于为大学生提供新的教育内容和活动方式，也为大学生创新创业精神培育提供了新的视角。

（二）转变家庭传统教育观念

家庭教育是学生的第一课堂，大学生创新创业精神培育也需要家庭转变传统的教育观念，提高家长的思想觉悟，认清大学生的教育形势。家长是学生的第一任教师，家长的行为和意识一定程度上影响着学生的行为和意识，对学生思想的影响更为突出。有效转变家庭传统教育观念，要从家长着手。人的本能是模仿，学生对家长也有着本能的模仿，父母对学生起到榜样作用，转变传统的教育思维是父母的首要任务。

1. 加强家长的责任意识

让学生家长认识到大学生创新创业精神培育不是完全的学校任务，需要家长的配合，需要家长、学校、社会的统一，从改变家长的教育意识方面着手，加强学校与家长的沟通，共同肩负起创新创业精神培育的重任。

2. 家长应该加强学习

事物是不断发展的，家长的精神文化也需要跟上时代的脚步，不能停滞不前，学校应该给予家长一定的培训，由专业教师针对实际情况进行辅导，如果条件不允许，也可以进行网络教育，使家长的创新创业教育意识跟上来，全面进行创新创业精神培育。

3. 家长应该摒弃落后的育人观念

家长不应对大学生过于溺爱，应该培养大学生艰苦奋斗精神。高校育人离不开家庭教育，父母的一言一行就可以客观地影响到大学生的行为和思想。家长要将家庭教育的落后观念摒弃，将家庭教育与高校育人相统一。

（三）注重大众传播媒体宣传

社会宣传可以有效地增加创新创业精神的影响力，让大学生认识到创新创业精神的重要性，所以注重社会大众传播宣传，营造有利于大学生创新创业精神培育的社会环境具有重要意义。大众传播媒体通常为报纸、杂志、书籍等。随着社会经济和生产力的发展，大众传播以电子网络为媒介，逐渐成为大学生青睐的接收外界信息的主要手段。新媒体的优点在于多样化并突破了传统媒体时间和空间的局限。高校的创新创业精神培育可以充分利用社会电子网络媒介，通过校园电子软件、微信、微博等媒介宣传弘扬创新创业精神，介绍大学生创新创业精神的具体内涵和重要意义，提高大学生思想认知，让大学生在学校、社会宣传的氛围中凝练创新创业精神，潜移默化地进行大学生创新创业精神培育。

首先，通过报纸、杂志、网络电子媒介对优秀人物进行介绍，对具有创新创业精神的典型事迹进行广泛全面的宣传，为大学生精神培育树立榜样。

其次，通过大众传播媒体对创新创业精神的内涵进行社会宣传，让大学生在生活学习中认识到创新创业精神的重要性。同时，还可以有效地配合高校精神培育，让大学生感受到不仅在校园中有精神培育，在社会中也有精神培育的氛围。

二、完善教育实践平台，重视培育的师资建设

（一）搭建创新创业实践平台

1. 搭建创新创业实践平台的意义

大学生创新创业精神培育需要的是实践，搭建创新创业实践平台是一种有效的手段，为精神培育营造良好的实践环境，例如创新创业见习基地、创新创业孵化基地等实践平台。这些实践平台的意义包括以下内容：

（1）创新创业实践平台有助于大学生开阔眼界，将自己的专业知识和现实想法应用于实践中，在实践中积累宝贵的经验，有助于创新创业精神的形成。

（2）创新创业实践平台有助于大学生个人的发展。大学生在实践中坚韧不拔的意志，不惧失败的勇气，奋发图强的精神，在团队实践中感受团队合作的益处，形成科学的冒险精神，在创新创业中形成敢于突破的新时代大学生担当精神，最终通过积累实践形成创新创业精神。

（3）创新创业实践平台提供了大学生广泛合作和交流的机会。不仅提升了大学生创新创业的水平，拓宽了大学生创新创业的领域，而且有效地发挥了大学生自身的优势。

2. 搭建创新创业实践平台的措施

（1）高校应积极搭建创新创业实践活动平台，增加大学生实践学习时间，培养大学生创新创业的动手能力，鼓励大学生积极地投入到学校和企业的实践创新创业中去，通过有计划的实践精神培育和实践能力培养，为精神培育有效展开保驾护航。

（2）高校应充分利用网络，形成"互联网+"创新创业实践平台，为大学生创新创业提供信息、技术、服务，为大学生创新创业保驾护航，同时可以利用微信、QQ等软件发布一些优秀的大学生创新创业实践范例，形成榜样作用，用现实中的成功经历，为大学生塑造优秀榜样。

（二）加大精神培育资源配置

全面提高大学生创新创业精神培育水平，高校资源的投入必不可少，对精神培育注入资源单单靠高校难以完成，需要政府、高校、企业三方面共同努力。

1. 加大精神培育资源配置的意义

在进行政府、高校、企业合作交流的同时，基于大学生创新创业精神的形成对大学生的重要意义，科学合理地投入更多的资金很有必要。从长远来看，大学生通过实践平台、孵化基地形成的创新创业的成果和从中磨炼出的创新创业精神更具有价值。

（1）政府和高校从根源上解决了大学生的就业问题，而且实现了大学生以创业促进就业的高效率的就业模式。

（2）大学生的创新创业成果产出，促进了企业的创新发展。

2. 加大精神培育资源配置的措施

（1）政府与高校的交流互动。资金方面，政府需要加大投入。同时，高校要将有限的资金合理利用起来，促进大学生创新创业精神培育的发展，这就需要高校和政府之间保持沟通交流，结合自身实际教育的诉求，配置创新创业精神培育的资源，根据自身的优势和劣势将资源合理、科学、有效地利用。

（2）高校与企业的合作，不断探索新的人才培养机制和模式。高校和企业应该主动打破界限，搭建校企合作平台，通过平台形成校企共同育人的模式，创新创业成果促进企业的发展，促使企业自愿为高校创新创业加大投入。同时高校可通过与企业的合作，深入了解企业和社会的实际需要，在进行大学生创新创业精神培育的同时，进行具有方向性的、有计划的创新创业研究。

（三）形成专业化精神培育教师团队

大学生创新创业精神培育的关键是实践。只有进行实践教学，让大学生充分参与并自己动手去体会创新创业的乐趣，才能让大学生自愿、主动地融入教学，才可以有更好的教学效果，所以应该加强教师教学的实践观，将基础知识融入实践，学以致用，学有所用。

高校应积极建立一支优秀先进的教师团队。时代在不断进步，新时代教师应该充分发挥团队优势，不断学习先进，取长补短，让教学观念跟上时代步伐，不断完善自己的专业知识。形成大学生创新创业精神培育的专业教师团队是高校精神培育的基石，教师队伍素质直接决定着大学办学能力和水平。没有一支优秀的教师团队，培育无从谈起。所以高校应不断探索，积极建立一支素质过硬，专业水平高，思想观念超前，紧跟时代步伐的专业化教师团队。建立优秀先进的教师团队可以从以下方面入手：

第一，提高现有教师素质。引进专业化的教师，为精神培育教师团队注入新鲜的血液，对现有教师进行专业化和常态化的培训，有效增强现有教师的专业水平。

第二，增加专业教师数量。随着我国高校的不断扩招，每年大学生的招生数量都在增加，而从事大学生创新创业教育的教师在大学普遍较少，教师教学往往是超负荷的，很难集中精力进行大学生创新创业精神培育。由于专业教师偏少，课程内容和数量不可避免地会被压缩，这直接影响了教学质量。因此高校有必要增加专业教师人数，保证学生和教师的人数比例合理、科学、均衡。

第三，改变教师教学观念。精神培育的教学方法应以人为本，加强教师教学的实践观，将基础知识融入实践。

三、优化创新育人理念，激发创新创业的热情

优化大学生创新创业精神培育理念是各大高校需要解决的难题，部分高校的育人理念仍然停留在少数具有创业意愿大学生的培育工作，这是对大学生创新创业精神培育认识不足的体现，精神培育应该是面向全体大学生的，而不是片面的少数个体。同时，高校是创新创业人才培养的源头，将创新创业精神植入大学生的基因，激发大学生创新创业热情，

不断推进大学生创新创业精神培育的长线发展。引导和鼓励大学生积极投身到我国创新创业的浪潮中，下面从优化创新精神培育理念、营造创新创业精神文化、激发自主创新创业热情三个部分进行研究。

（一）优化创新精神培育理念

创新创业精神培育的理念区别于传统的普通学科教育理念，它不是一种范式的、固定的教学理念。大学生创新创业精神培育的灵魂是"创新"，它不仅仅是让大学生创办一个可以盈利的企业，或者去完成某一项发明创造。培育理念的核心是让大学生可以持续不断地发展，使创新创业精神成为大学生的不竭动力，通过不断优化更新培育理念，与时俱进地进行改良后，积极推动大学生个性和创新创业意志品质结合，激发大学生的潜在能力，从而达到培育目的。

首先，以人为本的科学培育理念，要尊重学生的"个性"，每一位学生都有"创新"的天性和潜力，所以培育理念应该以创新和全体学生发展为基石，激发大学生的创新精神，发挥大学生的奋斗精神，鼓励大学生的合作精神，聚焦大学生的冒险精神，促进大学生的担当精神。

其次，在精神培育课程内容方面，要充分研究当下创新创业课程，结合当下现有的创新创业课程，开发新的创新创业精神培育课程，确定科学的课程内容，将创新创业精神培育融入各个学科课程。任何精神培育都不是一门独立的课程可以完成的，创新创业精神培育是一个具有综合性质的培育过程，其培育理念应该具有综合性，包括心理健康教育、风险识别教育、爱国主义教育等。明晰创新创业精神培育与其他各学科知识的联系和区别，将其他学科知识内容与精神培育的相关内容科学合理地融合起来。

最后，精神培育是与时俱进的培育，大学生创新创业精神的培育理念是一个动态的、不断变化的培育理念。随着我国社会经济发展形势和趋势不断变化，应该不断更新精神培育理念，以适应新时代我国社会和经济形势。要将眼光放在国际先进的培育理念上，培育理念应该具有战略性和前瞻性。

（二）营造创新创业精神文化

高校创新创业精神培育需要一种意志，一种文化的创新。大学生创新创业精神培育的过程也是营造创新创业精神文化的过程，深入进行创新创业精神文化的构建，是高校创新创业教育迈出的重要一步。创新创业精神文化与中华优秀传统文化有很多相似之处，发挥中华优秀传统文化的优势，有利于高校创新创业精神文化的营造。创新创业精神文化是一种培育优秀精神的文化，这种文化可以呼唤起不可估量的创新创业热情、主动性、使命感，助力大学生创新创业精神的形成。

1. 充分利用高校舆论宣传

高校可以通过宣传手册、报纸、宣传板、校园广播等，积极对大学生创新创业精神进行广泛深入的宣传，让大学生了解创新创业精神，并对创新创业精神进行自己的思考，配合高校精神培育，产生积极的影响，形成正确的舆论导向。

2. 对校园舆论进行监督

新时代网络校园环境下，信息传播实时化，一些不良信息已经对高校创新创业精神文化产生消极影响。所以，加强对校园内舆论的监管是非常必要的。

3. 将创新创业精神文化融入校园环境

校园环境建设的核心是校园精神文化。高校应将创新创业精神体现在校园环境的建设上，营造创新创业校园环境氛围，开辟渗透大学生创新创业精神教育的新视角，充分发挥校园环境氛围的作用，使大学生进行创新创业精神的自我塑造。

校园是大学生进行大学生活的地方，塑造优质的校园环境，将创新创业精神文化元素融入高校校园环境建设中，如在教学楼、宿舍楼、餐厅、绿化带等大学生生活场所，张贴名言警句、播放创新创业精神相关的先进事迹、摆放一些含有"创新"元素的艺术作品等，让校园的每一处都蕴含创新创业精神文化的气息，让大学生受到潜移默化的文化影响。

（三）激发自主创新创业热情

我国一贯重视和鼓励大学生创新创业，因为大学生独立创业不仅可以取得成就感，实现大学生的人生价值，还可以从根本上解决就业难题，以创业促进就业。具备创新创业激情是大学生创业的必备条件，对大学生创新创业精神的形成有促进的作用，自主创新创业热情是大学生创新创业精神形成的大门，高校应该大力鼓励和引导大学生自主学习创新创业精神，激发大学生的创新创业热情。

1. 增强大学生青年责任感

高校应该适当举办专题教育活动，培养大学生的使命感和责任感，让大学生充分认识到，对国家而言，大学生是建设祖国的中坚力量；对民族而言，大学生肩负着中华民族伟大复兴的使命。培养学生具备坚定信仰，增强他们的主动性，促进大学生综合素质的提高。

2. 形成民主平等的师生关系

大学生创新创业精神培育教师与学生建立和谐平等的师生关系，有助于学生自主性的发挥，让学生在民主平等的气氛下，建立师生情感基础。对于学生提出的想法和建议，教师可以耐心听取，及时了解学生的思想变化，根据不同的实际情况进行精神培育，这样可以最大程度上避开大学生对精神培育的"逆反心理"，启发学生的自觉性，充分发挥学生的积极性，让大学生积极主动地参与到精神培育中来。

3. 科学运用激励形式的教育

高校针对精神培育合理科学地利用精神激励和物质激励可以有效促进大学生的积极性，鼓励他们对创新创业精神产生浓厚的兴趣。如在高校举办大学生创新创业精神知识大赛、创新创业技能实践大赛、创新创业精神宣讲等丰富多彩的活动，通过举办大赛、宣讲、知识问答的方式，给予能力强、精神品质突出的优秀大学生代表一定的奖励，激励他们争先成为具备创新创业精神大学生的强烈渴望。

综上，让大学生满怀激情地投入到创新创业中去，是大学生创新创业精神培育的重要一环。大学生作为创新驱动经济发展的"主力"，应该找到自我定位，充分发挥大学生的主观能动性，发挥时代赋予的使命，勇于担当起建设"创新型国家"的责任。高校要用切实可行的方法激发大学生对创新创业精神产生兴趣，积极探索研究大学生的心理特点，有针对性地对大学生进行精神培育，通过各式各样的校园活动激励大学生自主学习创新创业精神，并对大学生自身的综合素质发展产生积极影响。

四、改变传统教学模式，探索科学的培育方法

推动精神培育的实效性，使得高校创新创业工作迈上新的台阶，需要学习吸收他人经验，同时结合自身特点，积极探索适合我国高校的培育方法。下面从改变传统僵化教学模式、探索科学有效培育方法两个方面进行阐述。

（一）改变传统僵化教学模式

在具有前瞻性和战略性的培育理念前提下，大学生创新创业精神培育应该改变传统僵化的教学模式，针对创新创业精神培育的特点，增强精神培育教学模式的有序性和可操作性。

1. 增强精神培育教学模式的灵活性

考虑到创新创业精神的综合性、实践性、前瞻性，教学内容的复杂性、多样性，教学条件的局限性，精神培育教学模式应该具有高度的灵活性，以体现对创新创业精神培育特

点的主动适应。

2. 增强精神培育教学模式的方向性

传统的创新创业教育教学模式一般教学方向性体现不强，教学模式应该围绕着教学目标展开，而精神培育的教学目标是培育大学生创新创业精神，在教学模式的每一个环节都应该突出教学目标的地位，从而更有效地提高培育的核心要素。

3. 增强精神培育教学模式的实效性

创新创业精神是一种意志品质，这种意志品质是需要通过不断实践来锤炼的，先进的教学模式应该体现出精神培育的实效性，重点突出精神培育的实际效果，通过教学模式的完整性和可操作性来增强精神培育的实际效果。

先进的教学模式为理论和实践架设了一座桥梁，大学生创新创业精神培育的教学模式应该来源于教学实践，从现实中一些精神培育的教学范例中进行优选和加工，得出实践应用中具有良好效果的教学模式，研究形成动态的教学模式，不断更新把握精神培育教学模式的本质规律，对大学生创新创业精神培育的提高具有重要意义。

（二）探索科学有效培育方法

大学生创新创业精神培育的方法是多种多样的，传统的大学生创新创业教育方法多为讲授法，通过一些大学公共课教师进行课上的讲授，学生被动地接受。随着这种传统培育方法的弊端日趋显现，教学效果差、培育实效性不强、缺乏自主性的问题突出，为了应对传统创新创业教育方法的弊端，有必要探索更加科学有效的培育方法。探索科学有效的创新创业精神培育方法可以从以下方面入手：

1. 培育方法的个性化

每一位大学生都有自己的优势和劣势，针对学生的性格特点，结合基础教育，适当地进行一些"私人定制"式的创新创业精神培育方法，对学生的教学效果往往会更好。例如，针对基础知识和创新思维非常强，但是动手能力不够好的大学生，高校的教师可以根据大学生的个性，适当增加其实践教学，培养其敢于开拓进取的实践精神。有的大学生的实践能力特别强，但缺少理论支撑，教师可以根据现实需要调整其专业课程和学习进程等。这样的个性培育方法可以因材施教，将大学生的潜在能力充分地发挥出来，有效地克服了"千人一面"的传统培育方法的弊端，尽最大可能满足大学生的个性化需求。

2. 培育方法的实效性

一个好的培育方法，一定是学生积极主动参与的培育方法。当代大学生朝气蓬勃，面对枯燥乏味的培育方法，往往缺乏主动性。提高创新创业精神培育的趣味性，让大学生接受精神培育，主动参与到精神培育课程中来，是高校培育方法变革的首要问题。精神培育的教师需要具备心理学的基础知识，同时高校在制定精神培育方法时，应该充分考虑到大学生的"逆反心理"，提高培育的趣味性，增强培育方法的主动性。

3. 培育方法的科学性

科学制定精神培育方法要以科学的培育理念为指导，以教学实践为依据，不能凭借"传统"和"空想"去制定精神培育方法，高校应该敢于批判和怀疑，用实践得来的结果去质疑原有制定的科学培育方法，不断地变革培育方法，形成动态的科学培育方法。例如，对精神培育方法进行定期的评价，统计出当下培育方法是否有效地完成了教学目标，对培育方法严谨科学的诊断有利于促进精神培育的效果。

第三章 高校大学生创新创业能力培养的核心——素质提升

第一节 大学生创新创业素质的构成要素

创业，既能够解决当前大学生就业难问题，又能促进经济的发展和科技进步。为方便毕业生就业，高等教育应关心培养毕业生的创业技能和主动精神。创业教育备受高校的关注，创业教育的开展涉及面广、领域宽、内容多。创业者的成功与否直接体现着创业教育的效果，其核心是重视对大学生创新创业素质的培养。创新创业素质包括创新创业知识结构、创新创业心理素质、创新创业个性素质、创新创业能力，下面对四大要素进行分析。

一、创新创业知识结构

创新创业知识是指在创业过程中必须掌握的一些与创业相关的知识，由专业文化、经济管理、综合性知识等组成，重点包含创业政策与法规、税法、市场营销、创业设计、项目管理、文案管理、产品策划、人力资源等，这些都会影响到大学生的创新创业素质。

当前，大学生的创新创业知识大部分来自课堂教学，创新创业教师缺乏创业实践经验，创业孵化基地处在发展阶段，众多高校纷纷设立创业培训班和大学科技园，但并未真正解决大学生对创新创业知识的渴望与追求。

二、创新创业心理素质

促进创业成功需要具备良好的心理素质。创新创业心理素质主要是大学生在创业实践活动过程中，对创业者的心理素质的评估，对人的心理起调节作用的个性心理特征，包括人的情感、认知、记忆、言语、意志、性格、气质等构成要素。大学生的自我意识特征表现为自主和自信，他们的性格表现出积极向上、敢于探索、做事果断，他们的情感更富于理性色彩。创新创业的心理素质在创新创业的基本素质结构中起着承上启下的作用，尤其是对创业的实践部分起到了调节的作用。

三、创新创业个性素质

没有个性，就没有创造力。个性，是创业者非常重要的素质。个性一词包含两层含义：①一个人在生活舞台扮演的角色；②作为人的性质和作用，即人的本质的自我。创业者具有与常人与众不同的个性特征，尤其在开拓市场和捕捉机会时体现出来的敏感性，包括创业企业家所具有的心理素质，有浓烈的创业动机、出乎意料的想象力、善于把握事物发展趋势、敏锐的商业嗅觉、丰富的商业知识、自我反省等能力。基于创业道路的复杂性，大学生创业和企业经营者中的创业者具有同样的个性素质，个性素质指某个人具有的独特个性，它具有独立性、坚忍性、求异性、逞强好胜性、进攻性。

（一）独立性

独立性指一个人在自己能力范围之内做出决定并执行的特性，他们愿意为自己的行为导致的结果负责，并一直坚信这样的行为是正确的、可行的。它有利于创业者独立地分析、处理问题，不受外界的干扰和束缚。有创造性的人属于自我实现的人，并以心理学"自我实现"闻名。

（二）坚忍性

坚忍性表现为长时间地相信自己的决定是合理的，并坚定不移地克服困境中遇到的难题，为了执行自身的决定而不断努力。大学生在创业活动过程中，会遇到很多难题，要拥有顽强的毅力和不服输的信念，为实现目标不断地坚持，这样才能取得成功。

（三）求异性

求异性即"求同存异"。求异的个性来源于人的不断增长的需要，是人不知足本性的反映，它赋予了人们积极进取的动力，具有批判、探索和求变的心理特征。创业者应该持有怀疑、批判的态度去打破传统和常规，发现新的事物，展望未来。

（四）逞强好胜性

逞强好胜性是一个创造性人才最宝贵的品质，是一个人自尊心、自信心的表现，是实现自我价值的驱动力。成功的人之所以能取得成功，原因在于他们在不懈的努力后还拥有坚信自己能成功的自信和不甘示弱、奋发图强的好胜心。现代社会的企业等单位更愿意采用好强的人来帮助企业发展。

（五）进攻性

进攻性即人的主观能动性。要求主动地发现和解决难题，主动地寻找机会争取创业的成功。创业活动过程中，如果不主动出击，那么就很难占据优势地位，很难占有最大的市场。在科学发展史上，有很多研究者放弃了主动进攻的精神，最后贻误了发现、发明的机会。

四、创新创业能力

创新创业能力指那些利用自己的智慧将他人或者自身的想法转换为可利用的经济价值，在获得这种价值的过程中能够促进社会生产力的发展，个人知识得到不断丰富，能力得到提升，它包括专业技术能力、经营管理能力和综合能力等。

一名成功的创业者必须具备各方面的能力，创业要比一般的工作更具有挑战性和复杂性，决定着创业者应该掌握多方面的能力，创新创业能力水平的高低将直接影响着创业者的成败。由于创新创业能力对创业影响力度不一样，对创新创业能力培养的侧重点也不同，如创新能力、专业能力、合作能力、沟通协调能力、管理能力、领导能力、经营能力、自我反省能力等。

第二节 大学生创新创业素质的人才培养

一、建立创新创业素质培养体系

建立校内创新创业培养体系，含分层分类的双创人才培养方案、双创人才培养教材、双创人才培养师资团队，以双创系列活动为抓手，以教研教改、技能竞赛为突破口，校外通过与企业紧密合作，实现双创育人全域覆盖。

明确双创人才培养目标，集中全部精力、优秀师资力量、专业资源配置、经费安排和工作评价，多方联动以教学为中心，有计划实施探索实践实训教学部分的分层分类教学、小班教学、工作项目导师制。研究制订与本地学校合作的三二分段衔接方案，制订教学标准和课程标准。

加快以发展型、创新创业型、复合型技术技能人才培养为核心的人才培养模式改革。

坚持立德树人，将人文素养和职业素质教育纳入人才培养方案，内化于心、外化于行，促进技能培养与职业精神养成相融合。推进课堂教学、实训教学、毕业设计等改革，人才培养体系具体在实施工学结合等模式的基础上，再以双创素质人才培养为主线，不断调整、完善、优化人才培养方案，对教学计划、课程标准和教学内容进行修订、优化和补充，来实施创新创业素质人才培养。

建立基本素质体系、技能训练体系和职业资格体系、创业体系，其中技能训练体系包括学生利用假期进行双创见习的实践活动，为创训实践活动做技能准备。以学工交替、能力递进"342"人才培养模式进行创新创业素质培养。

二、搭建创新创业素质培养平台

以协同创新、协同育人为引领，以学生受益、专业发展为根本出发点，努力推进体制机制改革，突破制约专业办学水平提升、人才培养质量提高的内部机制障碍，打破学校与社会、行业企业间的体制壁垒。深化专业创新创业体制改革，吸引社会力量以资本、知识、技术、管理等要素参与专业创新创业改革。一方面，坚持完善校内实训基地功能，将创新创业血液融入教学；另一方面深化产教融合、校企合作，搭建创新创业素质培养平台，实现大众创业，万众创新。

三、打造品牌活动营造创新创业环境

加强创新创业教育，把深化创新创业教育改革作为推进专业综合改革的突破口，将创新创业教育融入人才培养体系，促进专业教育与创新创业教育有机融合，按照高质量创新创业教育的需要丰富课程、创新教法、强化师资、加强实践、改进帮扶、因材施教，增强学生的创新精神、创业意识和创新创业能力。加强文化建设，将第二、第三课堂融入专业活动，大力营造健康、积极的专业文化，积极开展专业知识讲座、校内创业实践、见习、顶岗实习、企业活动、校内技能大赛和省技能大赛以及社团文化节等品牌活动。

第三节　大学生创新创业素质的提升对策

"大学生创新创业素质是衡量高校人才培养质量的重要指标，也是新时代国家实施创新驱动发展战略的重要支撑。"① 实施创新驱动发展战略、促进经济转型、推进高校综合改革、提高高校毕业生就业质量必须要深入高等学校创新创业教育改革。我国创新创业工作进程缓慢、科技创新成果较少、转化率低等现象，主要是国家推进创新创业教育的资源配置、高校对创新创业教育工作的重视度以及大学生自身对创新创业的求知欲等出现一系列的问题，这使得社会关注聚焦在大学生的创新创业教育上。提升大学生的创新创业素质，不仅符合时代发展需求，也满足了人们的需要。下面将从家庭、社会、高校、学生四个层面提出大学生创新创业素质的提升对策。

一、转变家庭思想观念，培养创新创业个性素质

大学生决定创业时，家庭应该给予更多的支持和帮助。家庭应该从以下方面着手：

（一）扭转传统就业观，扶持大学生创业

伴随着我国大学教育由精英转向大众化阶段，大学生已经不能完全成为社会的精英人才，这使得传统的就业观念受到冲击。任何一个大学生在高等教育大众化背景下都是社会的"普通群众"，面临着市场和社会的压力，承受着就业和创业的问题。高等教育大众化下所培养的人才既要有走向大型企业单位、走向沿海发达城市就业的毕业生，又要有服务于基层、农村和西部内陆城市的毕业生，还要有自主创业的毕业生。这是社会发展的趋势，每位大学生不可能都能找到一份安逸稳定的工作，这时家长们就要及时转变就业观念，了解社会发展动态，紧跟时代发展步伐。

（二）家长主动参与创业，培养大学生的坚强后盾

学生的创业需求受到家庭环境的期望值的影响。父母及周边生长的环境将直接影响着大学生的创业意愿。大学生创业能力缺失不仅是高校创业教育的责任，更是家庭教育的责任。部分家庭的父母希望子女接受良好的高等教育，来获得更高的人生价值。由于创业本身具有杂而繁的特点，家庭迫切希望其子女如何去创造财富将直接影响着大学生创新创业素质的实现。

二、完善社会实践平台建设，锻炼创新创业能力

当前经济发展的重要源泉和增加就业机会的重要途径是选择自主创业。创业的主要聚

---

① 王东海. 新时代大学生创新创业素质教育研究［J］. 教育文化论坛, 2018, 10（05）: 3.

集地是在高校，这与高校长期开展创新创业教育是分不开的。大学生创新创业能力的缺失受到社会实践平台的制约，因此，可以从以下方面进行改进：

（一）提高社会对创业的认可度

良好的社会氛围能给大学生创业群体带来鼓动效应，大学生能够在此情形下形成有梦想的创业实践行为。在大学生创新创业中，良好的社会环境起着潜移默化的作用，从长远来看，对大学生创新创业活动具有很强的推动力。首先，社会应发挥它的宣传动员功能。社会应该积极宣传创业成功典型人物和政府的相关优惠政策，让大学生在创业过程中领会到政府、社会的关心，从而坚定创业信念；其次，社会应发挥舆论导向作用，社会应积极地指引创业者的相关者（家人、朋友、同学等）扭转就业观念；最后，社会应给予必要的社会帮扶措施，创业需要社会的大力支持，应该充分发挥非政府性的社会中介服务机构的桥梁作用，为大学生提供技术支持、市场开发、信息服务、经营管理、产品策划等项目。

（二）营造优越的文化氛围

创业活动的开展需要一个良好的社会创业文化氛围，借助与其他高校合作、与企事业联合协作的政府机关，尽可能地吸纳来自社会的创业资金等来拓展创业产业孵化基地，帮助社会营造优越的创业氛围。高校经过成立大学生创新创业俱乐部、创新创业指导中心等机构，开展"创青春""创新创业大赛""数学建模"等校园竞赛，引导学生主动参与到创新创业活动中去，来提高大学生创新创业能力；定期对在创新创业方面取得成果的学生进行创新创业舆论环境宣传，树立先进典型人物的榜样作用，发扬学生创新精神，激发学生创业意志。营造高浓度的创业氛围来培养大学生创新创业素质是创新创业教育的首要任务。

三、健全高校创新创业体制，奠定创新创业知识机构

高校以培养专业教育为基础，以创新创业教育为实践应用，创新创业教育的发展穿插在高等教育过程中，二者相互支持与促进，不能相互取代。高校人才培养的战略性问题是加强大学生创新精神和创业能力的培养，它顺应了高校服务创新型国家建设的重大战略举措，也符合高校贯彻"立德树人"根本任务的具体要求。同时，高校应倡导"学生本位"的创业教育理念，即大学生由被动接受创业教育课程转为主动接受，并积极地参与到各类活动之中。

（一）完善创新创业课程和实践教育体系

在创新创业课程设置上，搭建"三层次"创新创业教育课程体系。通过构建"三层次"创新创业教育课程体系，来开展较为系统的创业知识、素质和能力的课程化教学。如：第一层次，旨在培养学生创新创业动力、激发学生创新创业意识；第二层次，旨在提高复合和应用型专业学生创业基础知识、基本技能专业课程；第三层次，旨在以项目、竞赛、活动为引导，教学与实践运用相结合，有指向性地加强对学生创业过程的引导，培养学生创新创业实际运用能力，使得创新创业课程培训与课堂教学、专业教育、创业实训"三融合"。

在创新创业实践教育上，组成"GSL"模型，即广谱式大学生创业实践教育体系模型，假设大学生三个导向（Guides）、六个阶段（Stages）、四个层次（Levels）创业实践教育体系理论构想，三个导向是指就业创业发展取向、需要指向、价值导向的实践教育；六个阶段是指"大一"两个阶段（侧重适应性和规划性的就业创业实践教育、就业创业典型和朋辈引导的实践教育）、"大二大三"两个阶段（专注专业实践和科研实训的实践教育、就业创业分流和成长反思的实践教育）、"大四"两个阶段（就业创业定向和职业理想的实践教育、大学生就业创业责任意识的实践教育）；四个层次指因"势""群""业""才"施教的模块。

（二）加强创新创业导师队伍建设

推进高校创新创业教育课程体系的关键以及推进高校创新创业工作的重要动力是需要一支高素质的创新创业教师队伍，它将作为大学生创新创业素质形成的能力保障。

首先，建立创业教师导师团，高校要培养有理论知识、有实践经验、校内外互补、专兼职结合的创新创业教师，建立创新创业导师团来促进创业教师的发展，导师团主要有学校专业教师、就业指导教师、科技人才、企业家、创业成功人士、金融机构负责人等。

其次，设立创新创业研讨室，构建一支以业务教师和辅导员为骨干、校外专家为补充的创新创业专兼职教师队伍和导师团队，拟定教师培养计划，强化创新创业指导教师业务培训，深化任课教师的专业水准。

最后，精细化管理"双创"教师队伍，重新定位教师角色，激发创新创业教师积极性，革新教学理念，共促师资人才与教育对象协同发展，优化素质结构，促使知识整合与能力再造耦合开发，创新管理机制，促进过程控制与目标管理有效衔接，升级支撑平台，确保师资队伍建设工作良序化运作。培养创新创业教师是一项长期、系统的工程，创业教师只有亲身体验创业，才能更为生动地授课。

（三） 健全创新创业规章制度

在推进创新创业教育进程中，国家制定了相关的文件来鼓励大学生创新创业，紧接着又出台了多项优惠政策，如创业贷款、减免税收等。各大高校结合自身实际，制定了《创业孵化基地管理办法》《关于大力推进高等学校创新创业教育和大学生自主创业工作的意见》等规章制度。同时，学校从多方面来激励大学生的创新精神，如参加创业计划竞赛国家级奖的团队主要成员，完成国家级创新训练计划的主要负责人，可获得保研资格；完成SYB 创业培训并取得合格证书的同学可获得 2 个创新学分；为获得发明专利的排名第一的同学提供一定的资金奖励等。

四、加强创新创业素质修养，提高创新创业心理素质

创业教育的对象和高校创业教育的受益者都是大学生创业者。积极配合学校创业教育的开展能够帮助大学生在激烈的市场竞争中取得成功。目前，"盲目型"创业成为高校创业的一大通病，忽视创业的重点在于创新，很多大学生并未认清自身创业的初衷，未对自己的创业进行合理规划。因此，大学生应该明确奋斗目标，认真思考，运用所学知识进行创业，摒弃错误的、功利的创业理念，坚定创业梦想，不断拼搏。

在创新创业过程中，不可能是风平浪静的，大学生更多需要得到学校、教师、社会、企业的支持和认可，尤其在面对创业所遇到的风险和压力时，更应该积极向上，勇敢面对挫折，从错误中吸取经验教训。大学生只有不断尝试，不怕失败，保持良好的创业心理素质，才能找到适合自己的创业道路，实现人生价值。

第四章 高校大学生创新创业能力培养的保障——指导与评价

第一节 大学生创新创业指导目标体系构建

大学生创新创业活动的起点和落脚点是创新创业指导目标。创新创业指导目标始终贯穿在对大学生进行创新创业指导的过程中，既包含当初设定的创业指导结果，又包括基于结果进行修订的创业指导行为。大学生创新创业指导目标是高校创新创业指导工作的出发点和行动指南，对创新创业指导的最终目的起到决定性的作用，是高校构建创新创业指导目标体系的重要依据。一个成功的创业者，一定要具备五项基本素质，即创新创业意识、创新创业精神、创新创业能力、创新创业品质、创新创业技能，这五项基本素质构成了大学生创新创业指导目标体系的主要内容，并且和高校思想政治教育有着密切的联系。在大学生创新创业的过程中，高校思想政治教育起着导向和鼓励的作用。

一、树立创新创业意识

由于受到传统思想的影响，长期以来不少中国人的意识深处都渴求找到一份稳定的工作。例如，公务员之所以受到大学生的青睐，主要是因为大学生认为，公务员是最稳定的职业，职业风险非常小，并且有比较好的工资待遇。从这一现象我们能够看出，目前高校对学生创新创业教育的重视程度不足、投入不够，与社会的发展存在一定的脱节。创新创业意识并没有在广大学生的思想当中树立起来，他们想到的只是尽快就业，选择一份社会认可度高、收入不错的工作，并未想到创新创业这一途径。

高校对大学生进行创新创业指导的目的在于培养他们的创新创业素质。要想让大学生突破传统就业观念的束缚，选择自主创新创业并创业成功，就要通过创新创业课程培养他们的创新创业意识，帮助他们正确地理解创新创业，这是对创新创业由感性认知到理性认知的过程。有了创新创业意识，人们的创业行为才有了动机。在"互联网+"的时代，伴随着 5G 技术开始商用，人们要先知先觉地把握创新创业的机会，树立正确的创新创业意识，这需要社会、高校、大学生三方携起手来，共同努力。

（一）营造浓郁的社会创新创业氛围

要想营造出良好的社会创新创业氛围，除了政府机关和一些机构的支持以外，家庭成员的认同也是一个很重要的因素。创新创业需要一个良好的社会氛围作为支撑，而一个良好的社会氛围也是树立创新创业意识的沃土。作为政府机关，应该在政策、资金、设备、场地等方面对大学生创新创业给予必要的支持，为他们的创新创业服好务；各类媒体要积极宣传创新创业的先进人物和成功案例，把大学生创新创业的过程真实地反映给社会大众；各类公司和企业在不泄露自身核心技术的前提下要在技术层面对大学生创新创业者做出适当的指导；作为大学生的家庭成员，需要摒弃传统的就业观念，支持他们创新创业。当他们创新创业进入低谷或是停滞不前的时候，家庭成员要和他们站在一起，不断地给他们打气，给予精神支持。只有社会各界携起手来，共同努力，才能为大学生创新创业营造出良好的社会氛围。

（二）强化思想政治教育的导向功能

在高校创新创业教育的过程中，思想政治教育的导向功能能够把学生创新创业的意识激发出来，帮助他们清楚地认识到自己的价值和需要承担的社会责任，以及这个时代赋予他们的使命。因此，传统的教学模式已经无法适应高等教育的发展。高校要积极地引导学生对自己的职业生涯进行合理的规划，对自身的创新创业能力做出科学、客观的判断和分析。高校在对学生开展理想和信念教育的过程中，要融入创新创业意识的树立和对创新创业实践活动的指导，使学生在校园学习时期就可以体验创新创业，并参与其中，激发他们的创新创业意识，锻炼他们的抗压能力和受挫能力。

（三）大学生创业意识的自我培养

无论是社会氛围的营造，还是高校的教育，这些都是外部条件，只有大学生从自身内部树立起创新创业意识，才能够在创新创业这条充满荆棘、困难重重的道路上不怕挫折、披荆斩棘、奋勇向前，体现出顽强的创新创业意志和坚韧的创新创业毅力。大学生应该在这些方面树立创新创业意识：①开拓思维意识，只有冲破旧有思维的束缚，才能够产生具有创造性的新思维；②团队意识，一个人的能力毕竟是有限的，但是当几个人或是一群人聚到一起的时候，智慧的火花便会被点燃，绽放出灿烂的焰火，无论是多么难的问题，都会在大家的努力下被解决，最终达到创新创业的目标；③人际交往意识，我们在创新创业的道路上并不一定要独自前行，我们需要朋友、合作伙伴的帮助，因此具有一定的交际能力是必不可少的；④细节意识，细节决定成败，大学生在创新创业的过程中一定要注意细节，一项工作一项工作地去解决，形成一个有效的闭环。不能因时间太紧和进度过快，而造成流程不畅或偷工减料，导致前功尽弃。

二、鼓励创新创业精神

大学生创新创业者如何看待创新创业活动，以及他们创新创业的效果都取决于创新创业精神。创新创业精神是高校培养创新创业人才的一项重要内容。随着经济全球化趋势不断发展和"互联网+"时代的到来，社会和高校对创新创业精神的重视程度逐渐提高，具有创新创业精神的人才也受到各大公司的青睐。对于大学生而言，当遇到各种困难和压力的时候，更需要创新创业精神来激励自己，不断增强自身抗打击、抗挫折的能力，在克服困难、解决难题的过程中树立自信。同西方一些发达国家的高校比起来，我国高校在产、学、研结合，以及创新创业校园孵化基地的建设上还有很长的一段路要走。因此，我国高校在培养大学生创新创业精神时，要着重从以下两个方面发力。

（一）转变创业模式，注重大学生创新创业精神的培养

通常情况下，一些高校都是以课程的形式对学生进行创新创业指导，而满堂灌的理论说教占据了大部分的课堂时间，学生的主观能动性没有被激发起来。学生坐在教室里听到的都是创新创业理论和创新创业者如何成功的案例以及他们对创新创业的感悟，很多都是前人的结果，对他们创新创业的艰辛过程了解得还不够，自然无法充分理解创新创业精神了。一些高校的创业指导似乎走出了另一条道路，他们极其注重实践活动，通过模拟创新创业环境，让学生在教师的指导和帮助下，将理论和实践充分地结合起来，学生对创新创业有了更加深刻的理解，变得更加自信，也更有责任感。因此，高校在进行学生创新创业指导的过程中，应把实践教学和理论教学放在同等的位置上，不仅要加强理论知识的学习，更要在教学中增加实践环节，比如模拟创业过程、分小组制订创业计划、举办创业技能大赛等。在模拟创业实践的过程中，学生把课堂上学到的创新创业理论应用到实践当中，形成创新创业所必需的意志力，对于他们创新创业精神的培养大有裨益。

（二）通过外部引导，使大学生创新创业精神得以内化

目前，很多高校还没有系统地开设培养学生创新创业精神的课程，导致学生缺少创新创业精神。因此，高校要加大力度培养学生的创新创业精神，帮助他们树立正确的创新创

业观，使创新创业精神得到内化。为了能够充分激发学生的主观能动性，首先，高校要改变教学方法，创新创业的教学方法要以学生为主体；其次，不断扩大学生的知识面。不仅从意识上，更要从行动上重视学生自我能力的发展。大学生的学习范围不仅仅局限在校内，还要扩展到社会，同时在实践的过程中将开拓精神、冒险精神、创新创业精神融入进来；最后，只有把理论与实际充分地结合起来，真正地领会创新创业精神，大学生才能够将其内化为自己的创业观和人生观。

三、培养创新创业能力

"大学生创新创业能力培养是新时代对高等教育提出的要求，更是高校提升人才培养能力的必然选择。"[①] 高校应该注重培养学生创新创业的综合能力，包括决策能力、管理能力、理财能力。高校借助创新创业指导为学生提供实践的平台、创造创新创业的机会，让他们在实践中增强创新创业的能力。各地政府需要积极地落实国家的政策，根据本地区的发展实际，因地制宜地实施大学生创业引领计划并制定任务指标。高校注重培养学生创新创业能力不仅对大学生创新创业的成功率具有提升作用，也能够提升国民的创新创业素质。大学生群体整体素质比较高，容易接受新鲜事物，学习能力比较强，对他们的创业潜力进行挖掘有利于培养他们的创新创业能力。因此，我们需要针对目前大学生创新创业能力发展遇到的困难提出切实可行的解决办法。对大学生创新创业能力进行挖掘和培养是一项极其复杂的任务，除了政府、企业的支持以外，还需要高校和大学生的努力。

首先，政府要在政策和资金上对大学生创新创业能力的培养给予必要的支持，营造全社会创新创业的舆论氛围；其次，高校要与企业深入合作，建立创新创业实践孵化基地，为学生提供实践的平台，让他们把理论知识和实践活动充分地结合起来，不断提高自我创新创业能力，锻炼不怕困难、敢于担当的意志品质，真实地体验创新创业的艰辛；最后，大学生不要将自己困在就业风向标这个怪圈里，不盲目跟风。大学生创新创业能力的培养不仅仅局限在课堂上学习有关创新创业的理论知识，还要在实践活动中积累一定的创新创业经验，学会独立、客观地分析问题、解决问题。因此，大学生创新创业能力的培养应该在政府和企业的支持和参与下，以高校教育为平台、以实践活动为基础，不断提高大学生的自我意识。

四、培养创新创业品质

人们对于什么是大学生创新创业品质有着各自不同的看法。有人认为一个成功的创新

---

① 张玉波. 高校大学生创新创业能力培养的研究与实践[J]. 安徽职业技术学院学报, 2021, 20 (02): 76.

创业者应该具有创新、诚信、终身学习、勤奋等10项品质；有人认为，在创新创业指导的过程中，创新创业品质作为一种个性心理特征，能够起到调节大学生创新创业者的行为和心理的作用。创新创业品质是创新创业的一个核心素养。目前，很多高校并不重视学生创新创业品质的培养，认为创新创业品质是学生已经拥有的心理品质，导致他们在创新创业的过程中表现出一些不足，比如缺乏团队意识、冲动不理性、没有坚定的创业行为。在创新创业的过程中，创新创业者会不断地遇到各种来自心理和行为上的困难和挫折，他们若是缺少良好的创新创业品质，自然无法成功地进行创新创业。因此，培养大学生创新创业品质是大学生创新创业指导目标体系的一个重要内容。高校要利用好思想政治教育的导向功能，培育大学生的优良品质，比如诚信理念、社会责任感、自信心，不断拓宽磨炼大学生创新创业品质的方法和途径。我们在培养大学生创新创业品质的过程中要处理好以下四个方面的内容：

第一，培养他们的社会责任感。目前，很多95后，甚至00后已经成为大学生创新创业的主力军，他们的个性更加突出，接受新鲜事物的能力也更强，思维非常活跃，他们敢想敢干，但是又极易冲动，有的时候缺少合理、客观的判断。他们在选择创新创业项目的时候，可能好高骛远，与现实情况有着比较大的误差。因此，高校在指导学生进行创新创业的过程中要鼓励他们从现实出发、从基层做起，保持对市场先机的敏锐性，这样才能够走向成功。

第二，大学生要树立积极乐观的创新创业心态。高校在指导学生进行创新创业的时候，要让他们认识到在创业初期应该保持一种积极的心态，不要嫌弃项目小，肯从基层做起，这样才能取得成功。

第三，培养团队意识。现在的大学生虽然具备比较高的个人素质，但是他们可能缺乏团队意识，没有充分意识到团队在创新创业过程中发挥的巨大作用，特别是团队成员之间的相互鼓励、相互帮助往往能够使创新创业者渡过难关、奋勇向前。因此，高校在开展创新创业指导的时候要重视大学生创新创业团队意识的培养，更好地发挥每个大学生的创新创业品质。

第四，培养执着的毅力。每一个成功的创业者的背后，都经历了无数次的失败与抉择，怎样培养具有坚强、执着、冷静等优良品质的创业者是高校需要思考的问题之一。

五、培训创新创业技能

我们不应该将一个成功的大学生创新创业者需要拥有的创新创业技能用创新创业能力简单地予以表达。同创新创业能力比起来，创新创业技能更加侧重像胜任创新创业操作技能、创新创业管理技能、创新创业机会把握技能这样具体的创新创业活动的能力。目前，很多大学生之所以在创新创业的时候成功率不高，没有在创新创业之前做好准备是其中一个很重要的原因，他们缺乏必要的创新创业技能，这就需要高校对大学生进行创新创业技能的培训。

首先，高校要设立创新创业指导部门，为有创新创业意向的大学生提供必要的创新创业能力的培训；其次，培训大学生创新创业操作技能，高校可以经常举办创业计划书制作大赛、组织创意项目活动、模拟创业大赛、创建电子商务网站等活动，鼓励大学生积极地参与创新创业活动，不断提高他们的创新创业操作技能；最后，高校要善于引导大学生去观察身边的事物，发现其中蕴藏的创新创业机会，把握先机。

当然，只是将关注点放在创新创业准备阶段的技能培训是远远不够的，高校还要对学生在创新创业过程中需要具备的创新创业技能进行培训，比如管理技能。虽然高校可以通过一系列形式多样、内容丰富的创新创业活动来培训大学生的创新创业技能，但是像市场营销、人力资源管理、风险管理、财务管理这样的管理技能也是需要进行培训的。与此同时，高校要将思想政治教育同大学生创新创业技能的培训结合起来，从内在激发大学生创新创业的思想动机，积极主动地去学习创新创业技能，为今后的创新创业做好前期准备。高校还要发挥思想政治教育的导向功能，使大学生认识到创新创业过程并非一帆风顺，必将伴随着激烈的竞争和重重困难，帮助他们树立坚定的创新创业信念，不怕困难、勇往直前，积极自主地学习创新创业技能，参与相关活动和培训，为创新创业之路做好铺垫。

第二节　大学生创新创业指导课程体系构建

一、创新创业理论课程

"创新创业教育是高校学生素质教育的重要组成部分，开设创新创业课程对激发学生创业意识、提高创新精神与创业能力素质培养具有重要意义。"[1] 开展创新创业理论课程，其目的是帮助学生了解创新创业知识，掌握创新创业教育的基本理论。这不仅能够增加他们的创新创业知识，开阔他们的眼界，整体提升他们的创新创业综合能力，也能够培养他们自主学习的能力，在学习知识的同时训练他们的创新创业思维，为今后创新创业的实践

---

①葛茂奎，孟凡琦，杨阿滨，等. 高校大学生创新创业教育课程体系的构建研究[J]. 经济师，2020（08）：144.

活动夯实基础。目前，我国高校在专业设置上还没有创新创业这一专业。通常情况下，创新创业指导都是其他专业的延伸和拓展。一些发达的西方国家高校对学生创新创业综合素质的培养高度重视，设置了特色鲜明、形式多样的创新创业理论课程，不仅把学生创新创业的意识激发了起来，还使学生的创新创业技能得到了培训。

我国高校要想实现创新创业指导目标体系，就必须在现行课程体系中增设创新创业理论课程，从创新创业意识、品质、能力等方面加大对学生创新创业指导的力度。近年来，我国高校虽然对大学生创新创业的重视程度逐渐提高，但是与国外高校之间的差距仍然比较大，无论是课程设置、教学模式，还是教师素质、学生认知。我国高校应该从以下方面入手：

第一，按照学生专业和年级的不同，设置相应的创新创业理论必修课和选修课。高校可以在大一、大二开设创新创业理论课程，在大三、大四开设创新创业指导课程。这样的课程设置不仅突破了专业的限制，还能够结合学生自身的专业背景提高他们的综合思维能力，使他们能够更加符合当代社会对人才的要求。

第二，不断丰富理论课程的内容。在创新创业理论课程中融入思想政治教育，能够发挥思想政治教育的导向功能，培养学生的优良品质，帮助学生树立正确的创新创业意识。

第三，在课程中加入创新创业的典型案例，让学生从案例中汲取经验教训，避免在创新创业的路上走弯路。如何丰富创新创业理论课程的内容需要教育者和受教育者在不断地探索中加以完善和充实。

二、创新创业专业课程

创新创业专业课程指的是将其他专业同创新创业结合起来，根据所设专业的不同配套相应的创新创业指导方案。这样做不仅充分地利用了有限的课堂资源，还拓展了专业学科的应用范围，使教学内容得以优化，广泛地培养了学生创新创业的品质和能力。一般情况下，我们可以把高校创新创业专业课程分为必修课和选修课，课程的主要内容包括市场营销、经济法、创新创业常识、创新创业心理学、创新创业技能。课程设置的目的在于教授创新创业的相关知识和技能，培养适应社会需求的具有较高素质的创新创业人才。高校应该从以下方面科学合理地设置创新创业专业课程：

第一，根据专业和年级的不同，开设有针对性的课程。学生的认知是随着年龄的增长而不断拓展的，在大一、大二年级比较适合开设基础课程，大三、大四随着学生专业知识的夯实以及参与一些社会实践活动，高校可以开设专业知识与创新创业实践指导相结合的课程。学生可以从自身专业的角度出发来理解创新创业所需要掌握的技能和能力，将它们运用到实践活动当中，不断强化自身的创新创业能力，为今后走上创新创业之路打下坚实的基础。

第二，建立专业化的师资队伍。目前，高校创新创业教师队伍的建设面临一些问题，比如专业教师缺乏、没有清晰的定位、企业实践经验不足。创新创业教育本身需要任课教师具有很强的跨学科能力和较多的实践经验，一些教师是由其他专业或行政岗位转岗过来的，他们跨学科的能力亟待加强，很多教师也没有创新创业的经历。因此，高校要聘请一些有实践经验的创业者到学校任教，以丰富创新创业教育教师队伍的建设。

三、创新创业实践课程

在创新创业指导课程体系中，实践课程与理论课程、专业课程要充分地结合起来，以活动的形式向学生传授创新创业知识，培养他们的创新创业技能。通过师生之间的互动，教师能够比较客观和准确地把握学生对创新创业理论和专业知识的掌握程度。因此，对于高校创新创业指导课程体系而言，创新创业实践课程有着极其重要的作用，能够反映出学生创新创业的能力和综合素质。创新创业实践课程和创新创业指导理论课程、专业课程比起来，就像大学生创新创业指导的第二课堂。我国的高校应该充分借鉴国外高校设置创新创业实践课程的经验，将社会实践活动同课堂教学紧密地结合起来，通过开展实践活动向学生传授相关知识。与此同时，高校要积极地和企业建立创新创业基地或者利用企业现有的资源，使学生将所学到的理论知识尽快转化到创新创业的实践中去。

第一，高校要鼓励学生利用校园中的创新创业基地尝试开办自己的小企业。高校的创新创业孵化基地能够给有创新创业兴趣和能力的学生提供实践的平台。由于各自专业、经历、想法的不同，他们可以大胆地经历创新创业的每个环节。

第二，勤于交流成果和经验。高校不仅要给学生提供创新创业实践的平台，还要及时对实践过程进行检验并给出相应的指导，通过论坛及讲座的形式，交流创业实践心得。

第三，教师在对创业实践课程进行期末考核的时候，可以以举办创新创业计划大赛的形式检验课程的效果。学生可以根据自己参与实践活动的经历，按照自己的想法和兴趣来制作创新创业计划书。一个学生的创新创业综合素质和综合能力究竟怎样，可以通过制作创新创业计划书充分体现。

第三节 大学生创新创业指导制度体系构建

一、组织领导机制

目前，大部分的高校都针对学生创新创业设置了创业指导机构。从组织结构来看，就业指导中心是创业指导机构的上级，对其进行管理。各学院（系）将大学生创新创业的信息上传给就业指导中心进行统一的存档和整理。大部分的高校没有对大学生创新创业的组织领导工作给予足够的重视，没有设置对大学生创新创业进行指导的组织领导机构。高校应该整合校内外丰富的创新创业资源，与企业开展合作，加强创新创业的组织领导工作，为构建完善的创新创业指导体系和提高大学生创新创业成功率提供有效的组织保障。

第一，高校要明确大学生都有哪些方面的创新创业需求。大学生创新创业者有着和其他创新创业者不同的特点，他们创新创业的时间基本在大学期间和毕业后的两年，因此高校要及时地了解他们在创新创业的过程中都遇到了什么样的困难、有哪些亟须解决的问题、需要哪些帮助。这样，高校才能有针对性地指导大学生创新创业。高校要组织教师和学生组成专业的调查队伍，走进大学生创办的公司，了解他们的经营情况，掌握第一手资料，通过对数据的汇总和分析，帮助大学生创新创业者找到解决问题的办法，帮助他们渡过难关。

第二，要进一步强化大学生创新创业指导工作的组织领导。高校的创新创业指导机构能够引领和推动大学生的创新创业工作，因此高校必须设置独立的大学生创新创业指导部门，从宏观层面对大学生的创新创业进行指导。高校可以联合多个部门，比如学生管理中心、后勤管理中心、就业指导中心，对大学生创新创业指导工作进行分工合作管理。

第三，针对大学生在创新创业过程中所遇到的困难和问题，高校要设置由专职教师组成的大学生创新创业咨询中心，为有意向进行创新创业的大学生提供相关的咨询服务。高校要在校园内形成一张覆盖各个院（系）、行政部门的创新创业指导联系网，建立健全创新创业组织领导工作机制，为大学生创新创业提供有利条件。

第四，高校要以大学生创新创业指导实践课程为平台，建立校外创业组织领导机制。大学生创新创业指导实践课程的开设让学生有机会走出校园，与一些公司和企业进行对接，在这个过程中高校需要加强组织领导作用。为了更好地开展学生的创新创业实践活动，也为了更好地管理学生，高校的创新创业指导可以在公司和企业的支持下，设立校外创新创业服务机构，扩大管理的覆盖面。高校要根据学生实践活动的具体情况进行部署和协调，最大限度地保障大学生创新创业实践课程的顺利开展。

二、教学管理体系

培养全面发展的人是我国高等教学的重要任务。教学管理工作是完成这一重要任务的保障。教学管理涉及很多内容，比如课程设置、教学方案创新、教师队伍建设，各个部分相互影响、相互联系，组成高校教学管理体系。目前，一些高校并没有将学生创新创业管理纳入教学管理的范畴，即使纳入了教学管理的范畴，也存在定位不清的问题。因此，高校教学管理要针对大学生创新创业指导工作做出如下调整：

（一）加强教师队伍的管理

目前，担任大学生创新创业指导教学工作的一些教师的教学方法比较单一，和实际情况存在一定的脱节。尤其是一些教师根本没有创新创业的经验，他们灌输给学生的都是一些理论知识，与学生的需求存在着差距。因此，高校要建设一支有着一定创新创业经验的教师队伍，通过他们自身真实的经验和感受来指导大学生创新创业。在教学的过程中，教师可以采用模拟真实的创新创业场景、案例分析的教学方法，提高学生参与实践活动的热情，更加有效地进行教学管理。

（二）改变教学的管理模式

目前，高校按照学生的专业和院系对他们进行教学管理，这样制约了学生对专业以外的知识的获得。这种教学管理模式同样限制了高校对学生创新创业指导的教学工作。高等教育的目的并不在于培养出具有相同特点的人，而是要基于每个学生的优点，培养出具有创造性的人才。因此，在现有的学分制的基础上，高校的教学管理模式要勇于创新，尝试推行导师制。国外很多知名高校都推出了导师制，在教学管理方面取得了不错的效果。学生可以根据自己的兴趣选择导师，在导师的指导下进行各种实验、撰写论文，同时增进了师生之间的互动，导师也能够及时地了解学生的学习情况和心理变化。

（三）树立以学生为本的理念

学生是教学管理的参与者。高校在进行教学管理的时候需要从学生的角度去思考采用什么样的教学方法激发他们的学习兴趣，同时借助思想政治教育的导向功能引导学生的行为。高校可以鼓励大学生创立创业社团、创业协会等以大学生为主体的学生组织，这不仅可以提高大学生的创业兴趣，更重要的是可以培养大学生的组织协调、团结合作的能力。高校要不断地满足学生对知识渴求的欲望，不断提高他们自我管理的能力，创新管理模式。只有这样，高校才能真正地践行以学生为本的教学管理理念。

三、激励考核机制

高校要鼓励大学生创新创业，从精神层面和物质层面给予他们必要的帮助，卸下他们的思想包袱。除了建立良好的组织领导机制和教学管理体系之外，高校还要在创新创业指导方面设立激励考核机制。目前，很多学生的生活费还是得依靠父母，没有创新创业资金，这成为他们创新创业路上的第一只拦路虎。

首先，高校设立创新创业激励考核机制可以从精神层面对学生给予支持，对在创新创业方面有突出表现的学生重点培养，在评优奖先方面优先考虑并适当照顾。

其次，高校要给予一定的资金支持。高校要定期组织专家对创新创业作品进行审核：①对于有发展前景、具有开创性的创新创业项目要给予物质奖励；②对于积极参加各类创新创业大赛的学生要报销交通费，给予一定的补助；③对于正在进行创新创业项目的学生，要及时了解他们的需求，并在政策、资金、技术上给予支持。

最后，基于精神层面和物质层面建立起来的激励考核机制能够最大限度地满足学生的现实需求，激发学生创新创业的积极性和主动性。

第四节　大学生创新创业教育体系的构建及评价

一、大学生创新创业教育体系构建

"大学生作为我国的高素质人才，具备大量高难度的专业性知识，是我国实现可持续发展、实现中国梦的重要主体和主要支撑。创新驱动发展战略除了需要经济投入和政策支撑，还需要一批具有专业性知识的高素质大学生，他们是未来创新创业领域中的主体力量，因此构建一个严谨的大学生创新创业教育体系是适应新时代经济环境的有效举措，也是未来高校工作中的重点。"[1]

（一）构建大学生创新创业教育体系的必要性

---

[1] 申庆晓，路璐. 大学生创新创业教育体系构建研究[J]. 就业与保障，2021（12）：74.

1. 知识经济时代的必然选择

当今世界已经进入到知识经济时代，知识经济时代与农业时代和工业时代不同，知识和智力成为这个时代经济发展的基础。在知识经济时代，知识创新能力和科技创新能力决定了一国综合国力的发展程度。因此，世界各国不约而同地聚焦创新型人才的培养，把发展创新创业教育作为高等教育改革的目标，致力于培养新时代需要的高素质创新创业型人才，以便在竞争日趋激烈的国际竞争中占据有利位置。

知识经济时代充满机遇和挑战，为应对挑战，把握机遇，我国非常重视增强自主创新能力。创新是引领发展的第一动力，是建设现代化经济体系的战略支撑。创新的关键是人才，我国创新型国家发展战略的实现需要高素质的创新型人才作支撑。培养创新型人才，我国才能把握知识经济时代的机会，应对知识经济时代的挑战。人才的培养要靠教育，高等教育承担着培养创新型人才的使命，高校必须发展创新创业教育。

2. 高校可持续发展的必然要求

中国已经成为世界高等教育第一大国，这是一项了不起的成就，但是我国还必须深化高等教育改革，提高高等教育办学水平和办学质量，实现向教育强国的转变。从根本上讲，高校办学水平的高低和办学质量的好坏取决于培养的大学生是否符合社会发展的需要。高校培养的大学生是否符合社会发展的需要，要看大学生的综合素质和能力的高低。

构建大学生创新创业教育体系，将大学生创新创业教育贯穿于高校人才培养的全过程，能够转变以传授知识为主的教育理念和教育模式，并为大学生自主创业创造优良的环境和条件，促使大学生创业成功。具备创新创业能力的大学生选择一份工作岗位，因其综合素质高，特别是实践能力强，呈现较强的就业竞争力，往往很受企业的欢迎。高校大学生在毕业之后能否实现自我价值，获得较好的发展，对学校的声誉和发展很重要。如果大学生毕业之后发展前景好，会提高学校的声誉，学校的生源质量就好。高校通过大学生创新创业教育体系培养出优秀的大学生，优秀的大学生提高高校的声誉，高校能够提高生源质量，而基础好的学生通过大学生创新创业教育体系的培养，更容易成才。如此形成良性循环，有利于深化高校教育改革，推动高校教育可持续发展。

3. 大学生个人成长的迫切需要

大学生要成为一个高素质的人才，必须全面发展。在人的全面素质中不仅包括思想品德素质、基础文化素质、技术和职业素质，还包括创业素质；不仅要德、智、体、美、劳全面发展，还要具有开拓意识和创新精神。在人的全面素质中，创业素质的综合性更强，层次性更高，对大学生的个人成长起着指引和支撑作用。

构建大学生创新创业教育体系有利于大学生个人成长，为大学生的发展奠定基础并提供帮助。在高校开展创新创业教育，能够提高大学生的积极性和主动性，充分发挥大学生的能力和才华；有规划、有方式、有平台地培养大学生的实践意识、事业心和责任感，提升大学生的实践能力，这些意识和能力对大学生将来的职业发展和创办企业至关重要。构建大学生创新创业教育体系，政府、高校、企业为大学生创业提供保障、支持和服务，促使大学生创业成功。因此，大学生能力和素质的提升，就业竞争力的增强，创业梦想的实现，迫切需要构建大学生创新创业教育体系。

（二）构建大学生创新创业教育体系的可行性

1. 国外的先进经验可提供有价值的参考

西方发达国家高校创新创业教育的发展时间较我国早，而且深受政府的重视，目前创新创业教育水平比较高，形成了比较系统、完整的大学生创新创业教育体系，为我国大学生创新创业教育体系构建提供了理论和实践基础。以下是国外高校构建大学生创新创业教育体系的一些成熟、成功的做法。

（1）国外高校将创新创业型人才的培养作为高校办学的重要使命之一，把创新创业教育贯穿高校教育人才培养的每个环节。例如，德国非常重视在专业课程教育中渗入创新创业教育，做得也比较成功。

（2）国外注重构建创新创业教育支持和保障体系，为大学生创新创业提供政策支持和法律保障，并且提供灵活多样的融资方式，为大学创新创业提供资金支持。例如，美国为解决创业者早期面临的资金难题，专门建立早期创业基金。

（3）建立校内外创新创业师资队伍，重视利用企业家的经营管理和创业经验，提高创新创业教育水平。

（4）国外高校构建创新创业教育体系，具有开放性特点。学校、政府、企业联系密切，搭建创新创业教育协同机制，共同为大学生创新创业活动服务。

这四个方面是国外高校构建创新创业教育体系先进经验的一部分，对我国大学生创新创业教育体系构建有重要启发和借鉴意义，不仅为我国构建大学生创新创业教育体系指明了途径，也坚定了我国构建大学生创新创业教育体系的信心。

2. 国家创新创业相关政策的保障

创新创业已经成为社会的热潮，对国家、社会和个人都具有积极意义。近年来，国家出台了一系列创新创业相关政策，为大学生创新创业教育体系的构建营造了一个良好的环境，比如，简化创办企业的手续，为创业者提供优惠政策，优化创业孵化服务。国务院出台的相关文件强调加强创业服务，对高校发展创新创业教育提出了具体的要求，指出为创业者提供金融支持，激发创业活力，各部门要加强协作，更好地为创业者服务。国家近年出台的创新创业相关政策数量增加很多，而且频率越来越高。

3. 大学生创新创业意识的觉醒

以前大学生毕业之后通常是选择一份稳定的工作，很少主动去考虑自主创业，很多大学生毕业之后选择自主创业往往是因为没有找到心仪的工作，就算有些大学生主动考虑自主创业，也是希望工作一段时间，通过工作平台积累人脉、资源和资金后，再打算自主创业。大学生的这种择业心理反映了大学生并不是热衷于自主创业。但是目前，大学生创新创业意识觉醒，越来越多的大学生在学校期间就开始寻求机会自主创业。大学生创新创业意识觉醒，产生接受创新创业教育的渴望，推进了大学生创新创业教育体系构建。

（三）构建大学生创新创业教育体系的目标

人类的任何一种活动，都是由目标引领的，目标又分为总目标和分目标。大学生创新创业教育体系亦然，由不同的创新创业教育体系的分层目标所构成，最终汇成创新创业教育体系的总目标。

1. 构建大学生创新创业教育体系的总目标

创新是时代的主题，人才是创新的基石，社会主义现代化建设同样需要人才。而大学生创新创业教育培养的就是创新创业型人才。大学生创新创业教育体系的总目标是构建出一套科学、合理的涵盖创新创业教育目标、知识体系、支持和保障体系、实践平台、评价体系的体系，整合校内外各种资源，把创新创业教育融入高校人才培养中，营造优良的创新创业环境，促进大学生全面发展，为实现创新型国家战略和社会主义现代化建设提供人才保障。

教育目标作为教育体系各要素的基础，有着非比寻常的地位。当大学生创新创业教育目标明确后，方能围绕目标来选择教育的内容、选取适合的教育方法和模式、提供必要的支持保障。通俗来说，大学生创新创业教育的目标绝不仅是让更多的大学生选择创业，还要树立大学生创新创业教育观，将创新创业教育与思想政治教育有机结合，充分发挥思想政治教育的育人、导向和调节作用。

大学生创新创业教育的根本目标是培养全面发展的人，而培养具有创新意识、创新精神和创新创业能力的高素质人才是具体目标。创新创业意识、创新创业道德品德、创新创业知识、创新创业能力四个维度，构成了大学生创新创业教育目标体系。

（1）大学生创新创业意识。创新创业意识是一种态度，是对创新创业的重要性、价值性的认识水平以及由此而形成的对待创新创业的态度，并用这种态度来调整和规范自己的活动。创新创业意识的培养在于激发大学生的创造性和创新精神，培育大学生的责任感、事业心和艰苦奋斗、顽强拼搏、不屈不挠的精神，增强大学生创新创业的积极性、主动性。

大学生在创业过程中会面临很多困难、挫折。如果大学生没有强大的精神支柱，创新创业教育和创业的积极性与主动性就会受到影响。大学生要想在困难、挫折面前保持积极性和主动性，就需要开发大学生的创新精神。创新精神是一种艰苦奋斗、顽强拼搏、不屈不挠的精神。大学生具备了创新精神，在创业中，遇到困难和挫折，才不会退缩。

在大学生创新创业教育中融入思想政治教育的内容，让学生接受思想政治教育和训练，树立正确的创新创业目标，有助于增强大学生对社会和他人的责任感，增强大学生创新创业的成就动机。同时，思想政治教育能够充分调动大学生积极性和主动性。大学生对创新创业积极性高、主动性强，就会主动学习和钻研创新创业知识与技能，大学生的智力和能力就会发展更快，创造性会更好，大学生创新创业教育就会达到事半功倍的效果。很多大学生并不能深刻地认识到创新创业教育的意义，也很难树立正确的创新创业目标。

（2）大学生创新创业道德品德。大学生的创新创业道德品德主要是帮助大学生树立正确的价值观、人生观和世界观，培养大学生的自律性，使得大学生能够很好地处理个人价值和集体价值的关系，形成正确的价值评判标准。

良好的创新创业道德品德意味着大学生在创业过程中对于是非善恶的评判，有着正确的价值评判标准，是大学生创业成功的基础和前提。当个人价值和集体价值发生冲突时，具备良好创新创业道德品德的大学生能够很好地处理个人价值和集体价值的关系。大学生要想形成良好的创新创业道德品德，需要将思想政治教育融入大学生创新创业教育，对大学生进行专门的道德品德教育。思想政治教育的道德品德教育能够提升大学生的品行，规范和引导大学生的行为。

（3）大学生创新创业知识。大学生的创新创业知识是大学生从事创新创业的基础。创新创业知识涉及多学科知识，包括经济学、法学、会计学、市场营销、管理学、心理学等，大学生创新创业教育注重全面的知识学习，兼顾理论知识和应用知识，创新创业知识的学习和运用是创新创业教育的重点。

（4）大学生创新创业能力。培养大学生的创新创业能力主要是培养大学生社会职业所需要的专业能力；合理、科学地整合人、财、物、时间、空间的经营管理能力；善于把握机会、搜集利用信息、适应变化、社交的综合性能力。

2. 构建大学生创新创业教育体系的分层目标

因材施教，才能充分发挥大学生的潜力，帮助他们顺利成才。不同大学生的创新创业态度不同，创新创业兴趣不同，创新创业实践程度也不同，不同的教育个体有不同的特点，创新创业教育需要采用分层目标教育法来解决教育过程中出现的实际问题，这样才能提供针对性更强、效果更好的指导和引导。因此，根据受教育对象的不同情况，可以把大学生创新创业教育体系的目标分为以下三个层次：

（1）普及型的创新创业教育，传授基础知识，启蒙大学生创新创业意识。不少大学生有通过创业实现自我价值的想法，渴望接受创新创业教育。面对大学生普遍的需要，高校开设创新创业教育课堂，对大学生普及创新创业的基础知识尤为重要。普及型的创新创业教育属于创新创业教育体系分层目标中最基础的层次，目的是唤醒大学生创新创业兴趣和热情，了解创新创业基础知识，具有一定的启蒙意义。

（2）专业型的创新创业教育，以实训课程为主，竞赛为辅，提高大学生的实操能力。在高校中，对于一部分有创新创业想法的大学生，适合开展专业型的创新创业教育来满足他们的需求。专业型的创新创业教育课程提供给大学生的不仅仅是创新创业基础知识，还通过实践课程和各类竞赛活动，提供实践教学，理论结合实践，加深大学生对创新创业理论知识的理解。

（3）个性化的创新创业教育，提供物质支持和技术指导，实现创新创业愿望的孵化。个性化的创新创业教育，也称孵化教育，主要针对的是掌握了一定的创新创业知识和技能，同时也有创新创业构思的大学生。个性化的创新创业教育对大学生的创业项目提供物质支持和技术指导，在政策、服务、资金和咨询等方面服务大学生创新创业。个性化的创新教育是大学生创新创业教育中最高层次的教育，它的主要功能是将创新创业愿望成功转化为创新创业实践。另外需要注意的是，个性化的创新创业教育不仅仅提供孵化平台，给予政策和资金支持，还应给予大学生经营方面的指导。

（四）大学生创新创业教育体系的构建思路

大学生创新创业教育体系实际上是一个极其复杂的系统工程。构建大学生创新创业教育体系包括观念的更新、师生关系的调整、各种体系的搭建和各项资源的整合等很多方面。通过研读国内外文献，借鉴国外高校创新创业教育发展经验，总结我国创新创业教育实践情况，大学生创新创业教育体系的构建必须把握以下要点：

第一，以创新创业理念来设计大学生创新创业教育体系，与时俱进，实现从精英教育向大众教育、从创业教育到创新创业教育、从阶段教育向终身教育的转变。

第二，创新创业教育必须面向全体大学生，而不是只针对部分大学生的教育。不同的学生兴趣、能力等存在差异，创新创业教育面对不同情况的学生，应采取不同的教学内容和教学方式。

第三，将创新创业教育与专业教育有机结合，而不是简单地叠加。在高校专业课程体系中融入创新创业教育理念，配备相应的师资队伍，采用合适的教学方式。

第四，创新创业教育体系要打造一个包括高校、政府、企业、大学生协同合作的综合主体系统，在这个系统中，高校、政府、企业、大学生齐心协力，整合校内外各种资源，为大学生创新创业服务。

对于大学生创新创业教育体系的构建，要以科学的理念为指导，围绕目标体系，将创新创业教育融入教学课程体系，培养创新创业教育师资队伍，突破课堂教学的局限，搭建创新创业教育所需各类实践平台，整合各方资源力量予以支持保障，并辅之以科学合理的评价体系。

（五）大学生创新创业教育体系的构建原则

大学生创新创业教育体系的构建，并不是主观臆造的，必须按照创新创业教育的规律、大学生创新创业教育体系的目标科学设置，是在一定理论依据和实践基础上，按照一定原则提出来的。具体如下：

1. 创新创业教育与思政教育相结合的原则

思想政治教育对大学生的影响是潜移默化、循序渐进的，思想政治教育以一种被乐于接受的方式传授给大学生。思想政治教育作为必修课，在高校主要弘扬社会主义核心价值观，通过塑造信念、规范行为、提高认知、锻炼意志，引导大学生树立正确的人生观、价值观和世界观，对大学生的成长有着非常重要的影响。思想政治教育能够保障大学生创新创业教育有效、持续地实施，对培养大学生创新精神、创业意识和创新创业能力起着引导作用。

2. 创新创业教育与传统教育相结合的原则

中国传统教育不仅传授知识，还帮助学生树立正确的价值观、人生观、世界观，把学生培养成德、智、体、美、劳全面发展的综合性人才。中国传统教育的教育理念和方式是被中国教育系统和社会系统所认可的稳定的基础性教育。当前中国进入到知识经济时代和信息化时代，社会主义现代化建设需要具备创新精神、创业意识和创新创业能力的高层次人才。通过对中国传统教育的研究可以发现中国传统教育包含了创新创业教育因素，但是这种创新创业教育因素是不容易被察觉的。虽然创新创业教育与中国传统教育在教育理念和方式上有所不同，但是创新创业教育在中国传统教育基础上发展而来的，创新创业教育与中国传统教育存在互补。需要注意的是，创新创业与中国传统教育有机结合在一起，同时保持一定的独立性。

3. 创新性与实践性相结合的原则

大学生创新创业教育既具有创新性，也具有实践性，创新性与实践性不是相互独立的，而是有机结合在一起的。大学生创新创业教育的创新性体现为教学理念和教学方式的创新，教育理念和教育方式的创新来源于实践性。大学生创新创业思维和能力的提高，必须要通过实践教学的培育。创新来源于实践，并指导实践，最终服务于实践。大学生创新创业教育创新性与实践性的这种良性互动关系，有利于提高高校的办学水平，能够更有效地培养高素质和高层次的人才，因此，大学生创新创业教育体系需要坚持创新性与实践性相结合的原则。

4. 一致性与差异性相结合的原则

高校各专业的人才培养目标都是培养适合社会需要的素质高、能力强的人才。创新创业教育培养的是具有创新创业思维和能力的高素质人才，并且符合当代社会人才观的发展要求，因此创新创业教育与高校各专业的人才培养目标是一致的。然而，地区不同，高校类型不同，学科不同，专业不同，学生的情况不同，创新创业教育模式相应也有所不同。创新创业教育要根据不同的实际，因材施教、因地制宜，设计不同的教学方式和教学目标，不可一刀切，盲目地模仿。

（六）大学生创新创业教育体系的构建内容

大学生创新创业教育体系是指整合大学生创新创业教育的各种要素构成的一个有机整体，由多种社会资源和政策环境汇聚而成。

1. 优化大学生创新创业教育知识体系

大学生创新创业教育知识体系由大学生创新创业教育课程体系和大学生创新创业教育师资队伍两部分组成。完善的大学生创新创业教育课程体系和高素质的师资队伍是开展大学生创新创业教育的保障。

（1）大学生创新创业教育课程体系。大学生创新创业教育课程体系是高校实现培养目标的基本载体。设置大学生创新创业教育课程体系，要一切从实际出发，符合高校自身的学科特点和大学生的成长特点。大学生创新创业教育课程体系的设计必须坚持以人为本，传授大学生完整的创新创业基础知识，达到促进大学生全面发展的目标。同时，大学生创新创业教育课程体系的设置要满足社会经济发展的需要，服从国家发展战略。

大学生创新创业教育课程体系必须系统、完整。根据培养创新创业型人才的需要，大学生创新创业教育课程体系的主干课程应包括创新创业必修课、创新创业选修课、创新创业专业实训课、创新创业专业实践课。设置大学生创新创业教育课程体系应体现多样性、层次性、实践性。创新创业教育必修课和创新创业教育选修课有机结合在一起，根据不同年级的大学生特征，安排必修课和选修课时，配置科学的比例关系，确保创新创业教育能够循序渐进、因材施教。此外，创新创业教育课程要和专业课程有机结合，使高校教学模式在整体上得到优化。大学生在专业课学习基础上接受创新创业教育，受创新精神启发和引导，专业课的学习也更具深度。

科学完善的大学生创新创业教育课程体系要求高校根据大学生的不同需求和培养目标，在教学过程中，综合运用创新创业通识知识、专业知识以及创新创业实践知识，并能结合课堂教学和课外活动。创新创业必修课帮助大学生养成创新创业意识，了解创新创业基本知识；创新创业选修课根据学生自身实际和需要，选择性地传授创新创业知识，完善大学生知识体系；创新创业专业实训课程通过模拟仿真的创业环境，检验大学生的创业管理能力和对创业风险防范能力；创新创业专业实践课程借助校内外创新创业教育基地，使大学生在课堂上学到的专业技能应用于创新创业实践活动的平台，锻炼大学生实践能力。

第一，创新创业必修课。高校开设创新创业教育必修课，必须要规定相应的学分和课时。需要注意的是，创新创业必修课属于创新创业教育基础课程，因此，创新创业必修课应根据所有大学生普遍的、共同的需要来设置教学内容，创新创业必修课的教学完成标准要符合大多数大学生的水平，不应过高，也不应过低。如果大学生获得专利或者注册公司，高校应审核授予相应学分，创新创业必修课学分可灵活授予。创新创业教育必修课旨在激发大学生创新创业的热情，传授创新创业基础知识。

第二，创新创业选修课。创新创业选修课主要满足对创新创业某方面有浓厚兴趣的大学生的需要，适应大学生学习创新创业课程的不同情况，因材施教。创新创业选修课致力于培养在创新创业方面有潜质的大学生，挖掘这类大学生的潜力。创新创业选修课能够把具有不同专业知识和思维习惯的大学生聚在一起，背景多元化的大学生互相交流碰撞出更多灵感。

第三，创新创业专业实训课程。根据创新创业教育理论，创新创业专业实训课程设计和模拟真实的创业环境，让大学生模拟经历创业的过程。创新创业专业实训课程主要形式包括校企合作基地、创新创业实训基地、网络软件模拟创业过程。这种亲临其境的教学课程能够培养大学生对创业的预见能力、规划能力、处理突发事件的能力和实际操作的能力。

第四，创新创业专业实践课程。大学生创新创业教育是实践性很强的教育模式，因此，创新创业专业实践课程必不可少，并且在创新创业教育中占据很重要的地位。创新创业专业实践课程除了利用高校的资源外，还要充分利用企业的资源，因为企业参与大学生创新创业实践教学，不仅能够为大学生提供实践平台，还能为大学生提供有益的指导和帮助。市场是残酷的，创业失败就意味着人力、物力、财力的耗损，而大学生创新创业的资源是宝贵的，这就要求创新创业专业实践课程建立在可靠的创业项目基础上。大学生形成创业想法之后，需要有专业的老师指导，经过头脑风暴和市场调研后，制订出可行性很高的创业方案，大学生创业项目才有机会进入市场，在真实的环境中运作。

（2）大学生创新创业教育师资队伍建设。教师是进行教育、实现教育功能的基本力量。高素质的教师是保证创新创业教育质量的基础。目前，我国大学生创新创业教育师资队伍建设主要由三类人组成：①高校创新创业教育专业教师，他们一般有较好的理论基础，能够系统地讲解创业所需的专业知识，但这部分教师大多没有创业经验，实践经验缺乏；②由学生工作师资队伍和思想政治理论老师组成，他们对大学生如何成才、如何激发大学生的创新创业意识等有其独特的方法，但由于学科知识和实践经历的缺乏，也不能适应创新创业教育需求；③社会上的企业家、公益人士等，他们有丰富的创业实践经验，但他们对大学生创新创业教育的理解不系统、不全面。大学生创新创业教育教师，应该具有较高的道德品质、高度的敬业精神、与时俱进的教育观念、全面综合的知识结构、高超的教育艺术、管理艺术等。打造创新创业师资队伍，可以从以下方面着手：

第一，制定大学生创新创业教育教师管理制度。建设大学生创新创业教育师资队伍，要制定完善的管理制度。创新创业教育教师管理制度应涵盖以下内容：创新创业教育教师聘任制度、规定创新创业教育教师权利和职责的范围、创新创业教育的考核评价制度等，明确规定创新创业教育教师的来源、权利、义务，通过奖惩制度激励教师，调动教师的积极性，保证教师的稳定性。

第二，重点打造大学生创新创业教育的专职教师队伍。打造高素质的创新创业教育专职教师队伍，能够保证创新创业教学质量，有利于提高创新创业教育在高校的地位。打造创新创业教育师资队伍，可以从这些方面做出努力：①高校应成立专门的创新创业学院，专门的学院建制，能够吸引人才的加入，在组织上保证创新创业师资队伍建设；②明确并严格执行大学生创新创业教育专职教师任职资格的标准，创新创业教育是一门综合性很强的学科，涉及到管理学、经济学、心理学、教育学等多个学科的知识，并且具有很强的实践性，这就要求创新创业教育专职教师的知识结构涉及多个学科的知识，并且具备创新创业方面的实践经验；③国外大学的创新创业教育起步早，有很多优秀的创新创业教育做法值得学习，高校应选拔优秀的专职教师出国学习先进的教育理念和教学方式，提高专职教师的素质；④丰富专职老师实践经验，高校组织专职教师前去企业学习，体验企业创业经历，此外，高校应鼓励和扶持有创业项目的专职老师去创业。

第三，选聘优秀的大学生创新创业教育兼职教师。选聘优秀的大学生创新创业教育兼职教师有利于高校创新创业教育深度开展。创新创业教育兼职老师要具有相关创业背景，这样才能有效地辅导大学生创业，指导创业计划的制订，传授创业孵化经验和经营管理经验，对大学生的培养有着重要的作用。创新创业教育兼职老师可以从这些人员中进行聘任：①有着较高文化素养、丰富实践经验的企业家、创业者；②创新创业知名专家，专家对创新创业有着深刻的理解，对创业流程和公司的运作也很清楚，对大学生的指导和帮助很大；③有创业经历的本校在校生或者是毕业生，由他们传授创业知识，分享创业的经验和教训。

第四，加强大学生创新创业教育师资队伍培训。我国整体的师资队伍还不成熟，高校除了在师资队伍的入口把关，还要建立系统的创新创业教育师资培训制度。培训大学生创新创业教育师资队伍可以从这些方面着手：①组织创新创业教育师资队伍定点、定期参加国家级或者省级高校创新创业教育师资培训班，提高师资业务水平，更新教育理念；②定期开展校内创新创业教育师资培训班，聘请国内外知名创新创业教育专家，培训校内创新创业教师授课内容和授课方式；③鼓励和支持创新创业教师参加国内外研讨会；④搭建创新创业教育师资网站，制定线上共享管理制度，引导创新创业教育教师在网络平台上分享教学经验和课件，加强全国大学生创新创业教育教师之间的交流；⑤高校组织创新创业教育教师深入企业，学习企业运行模式、经营管理模式和创业历程，以便更好地胜任实践和实训课程的教育。

2. 完善大学生创新创业支持和保障体系

大学生创新创业教育的支持和保障体系，可确保创新创业教育持续、健康、快速地发展。大学生创新创业教育支持和保障体系为大学生创新创业教育的开展营造良好的外部环境。同时为大学生创新创业提供政策法规、服务、培训和资金等各个方面的保障和支持，促进创新创业教育的有效、有序开展。

大学生创新创业教育支持和保障体系包含政府、高校、企业、社会、家庭五主体和风险防范体系。政府是创新创业教育的主要推动者、组织者、资金支持者，甚至是参与者，为创新创业教育提供政策、组织和物质等各类保障，有效推动创新创业教育的发展。高校作为创新创业教育的重要实施者，除了提供师资，还培养学生创新创业能力。社会是创新创业教育的坚强后盾，提供良好的人力资源，提升大众的创新创业意识，营造创新创业的大氛围。企业为创新创业教育提供实践场所、实践能力强的师资，还可以提供各种创业项目的支持等。家庭为大学生创新创业提供重要的经济支持和精神支撑。在创业过程中不可避免会遇到各类问题，大学生可以运用法律知识加强风险防范。五主体一体系构成了大学生创新创业支持和保障体系，为创新创业教育的有序开展提供支持和保障。具体如下：

（1）政府。

第一，政府利用各类媒体，对创新创业政策进行宣传和讲解，为创新创业提供舆论支持。

第二，政府除了加大投入大学生创新创业教育经费，还需要制定激励措施，积极引导、调动高校和企业对大学生创新创业教育的投入，增加大学生创新创业教育经费的来源，同时加强对经费使用情况的监管。

第三，政府应积极制定更多的能够满足大学生创业者需求的政策，创业政策要实效性好、针对性强，比如，降低大学生创业的准入门槛，简化大学生创业的审批手续等，并提高社会服务意识，为大学生创业者提供积极、热情的政策咨询服务。

第四，为大学生解决创业时面临的最大困难——资金困难，政府应设立大学生创新创业基金，提供免息贷款，出台针对大学生创业者的融资政策，为大学生提供创业起步资金；政府还应出台针对大学生创业者的税收优惠政策、创业补贴和奖励政策，为大学生创业者减轻资金负担。

第五，政府应调动社会力量，配合主管政府部门定期审核政策执行的质量和效果，保证政策切实落实。

（2）高校。

第一，高校要保障创新创业教育质量。可以通过改进创新创业培养方案，优化课程设置，提高师资水平等方式。

第二，利用校内各种宣传媒介，比如校报、校广播、学校宣传栏、学校网站、横幅等校园媒体对大学生普及创新创业知识，宣传创新创业意义，并围绕创新创业主题，设计朗朗上口、表达准确、利于传播的口号。

第三，搜集和整理大学生自主创业事例，整理成册，通过读书会的形式分享这些大学生的创业经历，也可以通过微信号公众平台和学校网站进行宣传。

第四，邀请大学生创业者举办创业分享会，分享创业经历和心得。

第五，举办各种创新创业类的校园活动，要注意的是，这种活动要办得有趣，并且受众面要广。

第六，邀请优秀的企业家来校宣讲，分析这个时代给予大学生去创业的机会，现身说法，讲解创业的意义。

（3）企业。创新创业型人才的培养能够为企业提供优质的人力资源，企业应加大对大学生创新创业教育的支持。

第一，企业本身就是一个创业主体，大学生参观企业，更加深刻地了解企业，能够获得直观的创业体验。

第二，企业有着丰富的经营管理经验和资金，能够为大学生培养提供指导和支持。

第三，企业通过与高校共同搭建创新创业实践基地的方式，为大学生提供实践平台。

第四，企业可以跟高校一起搭建创业项目孵化和转化的平台，为大学生创业提供支持。

第五，优秀企业家可以走进高校，和高校老师一起培养大学生的创新创业综合素质。

（4）社会。人生存于社会，人的发展离不开社会支持。创业教育同样也需要社会的支持。

第一，社会为创业教育提供人力资源。社会中的校友、家长、企业家等，既可以为创业教育提供自己的创业经验，提供各种形式的资金支持，也可以指导大学生创业，属于创业教育中最有益的人力资源。社会的各种慈善基金会和公益团体，也可为创业教育提供支持。社会的各类投资商是高校创业教育的重要资金来源，要挖掘社会资源来支持高校的创业教育，使社会成为创业教育的坚强后盾。

第二，提高公众的创业意识，使公众成为支持创业教育的主要力量。通过教育与培训，使公众认识到大学生创业的重要性，树立正确的创业思想，在社会中形成理解创业、支持创业的氛围，这样创业教育才能够得到全社会的支持。

第三，营造创业氛围。要充分运用社会传播系统，公共文化服务体系加强对创业教育的宣传。要从宣传内容上挖掘与创业相关的先进事迹，宣传我国传统的创业史、当前的大学生创业事迹，引导大学生转变择业观念，全社会理解创业；要拓宽创业途径，要通过各种报刊、通讯社、电台、电视台和重要出版社等文字、视频途径宣传创业，要充分利用互联网、手机信息等平台传播创业事迹。通过社区文化建设，将创业文化纳入社区建设当中，使创业事迹渗透到各社区中。要从全社会的各项活动中宣传创业，通过文化馆、图书馆、美术馆、工人文化宫、少年文化宫等公共服务设施来宣传典型的创业史，这样才能全方位、立体式地宣传创业，形成全社会宽容创业失败，支持创新创业的良好氛围。

（5）家庭。大学生个性特征及背景与家庭情况有着密不可分的关系，家庭环境不同，其子女在价值观、世界观、人生观以及性格和爱好上都存在较大的差异，学生的就业观、创业观及创业素质和创造性的人格培养受家庭背景直接或间接的影响。家庭成员或者大学生社会交际圈内人员的创业经历可能对其创业态度和动机产生直接影响。除此之外，亲戚朋友也起到积极的引导作用，他们正在创业的或有创业成功经历的都会在一定程度上推动大学生创业，影响大学生的判断力。此外，家庭对大学生创业实践的态度也是决定大学生能否走上创业之路的关键因素。

（6）风险防范体系。大学生在创业过程中，从创业准备、实体登记、实体运营，直到创业退出阶段，法律风险贯穿大学生创业活动的始终。从项目选择、创业融资、选择和设定创业组织形式、创业实体管理、商贸交易等，都难免遇到资金、技术、竞争、市场等风险。大学生创业法律风险具有法律性、人为性和可控性、全程性、风险内容法定性等特点。作为刚踏出校门的大学生，由于社会阅历和经验缺乏，在创业过程中将遇到更大的法律风险。要有效防范法律风险，可从以下方面努力：

第一，增强创业者的法律风险防范意识。大学生创业应树立正确的风险观，增强创业法律风险意识，强化法律权利和义务，通过学习创业相关法律知识，提升法律素养，能够适时运用法律的武器保障自身的合法权益。

第二，政府积极提供法律援助。加强有关法律法规政策的宣传，重点讲解创业过程中常见的法律风险问题，组建专业的创新创业法律援助团队，帮忙解决创新创业过程遇到的法律问题和法律纠纷。

第三，高校重视法律风险防范教育。组建专业团队，开设相应课程，邀请专业人员授课或者召开讲座，与学生面对面进行交流和了解。

第四，社会上的各类法律类服务机构，如律师协会、律师事务所、专利代理机构等，应积极为大学生创新创业提供法律支持。

3. 搭建大学生创新创业教育实践平台

创新创业教育的特点决定了其必须重视实践教学。在创新创业教育中，如何让大学生的创新创业素质得到巩固和发展，创新创业实践是关键。创新创业教育实践平台是创新创业教育的重要支撑。搭建创新创业实践平台，要符合大学生的成才规律，循序渐进，体现层次性；创新创业实践方面的教育应贯穿创新创业教育的全过程，体现完整性；高校要整合校内实践资源，争取政府的支持，联合企业建设产学研一体化合作平台，体现协同性。创新创业实践方面的教育是多种多样的，可以从以下方面搭建创新创业教育实践平台：

（1）组建国内外大学生创新创业案例信息库。搜集大学生创新创业事迹组建国内外大学生创新创业案例信息库。大学生通过信息库学习大学生创新创业事迹，能更清楚地知道在接受创新创业教育时应培养哪方面的能力。这些创新创业事迹能够启发大学生成为一个有闯劲、有开拓精神和有意志力的人，能够帮助大学生在今后的创新创业过程中规避一些风险，少走一些弯路。

（2）建设大学生创新创业模拟实训实验室。建设创新创业模拟实训实验室模拟企业创立的全过程，具体包括：①创业基础建立模块，培养创业思维和创业知识体系；②创业准备模块，分析和测评创业项目；③创业实施模块，实施创业计划，成立公司；④创业实战模块，经营管理企业，在模拟的市场竞争环境中生存和发展。创新创业模拟实训实验室为大学生创业提供了一个成立企业、体验企业经营管理、产品策划营销等一体化的创业仿真训练平台，有助于提高大学生对创业各个环节的把握能力。

（3）组织开展大学生创新创业竞赛活动。创新创业竞赛活动是落实创新创业想法，运用所学到的创新创业知识的重要方式。竞赛活动设有培训和专家点评两个环节，创新创业小组在这个平台上展示本小组的创业计划，创业计划经过专业的点评和指导，会越来越完善，这个过程能够锻炼大学生创业思维，拓宽大学生视野。如果有些竞赛项目脱颖而出，被企业看中，创业竞赛项目就有机会实现孵化，从而大学生的创业梦想得以实现。目前创新创业竞赛活动得到高校和政府的重视，高校要根据学科特点和高校特点，组织开展大学生创新创业竞赛活动。

（4）设立大学生创业园。高校成立或校企联合成立大学生创业园，是创新创业实践教育的重要形式。大学生创业园为大学生提供的不应仅仅是场地支持，还要有资金支持、培训和指导，为大学生创业提供各种有利的条件。为保证大学生创业园的有效运转，高校要建立创业园管理制度，规范园区管理，同时要建设创业园文化，弘扬创新精神。

（5）校企合作成立创新创业实践基地。高校和企业合作，整合双方的资源，共建创新创业实践基地。学生可以利用空闲时间去创新创业实践基地实习，积累社会经验，学习企业的经营管理，锻炼为人处世的能力，这对今后的创业来讲都是很好的沉淀。创新创业实践基地应建立考核制度，考核结果是大学生在基地实践的重要反馈，有利于大学生改进自我。

二、大学生创新创业教育体系评价

科学合理的大学生创新创业教育评价体系对高校创新创业教育的开展起着监督和反馈作用。大学生创新创业教育评价体系是创新创业教育质量的重要保障，能够对创新创业教育的教与学双向环节的实际效果进行有效地考核、评定、检测，规范和引导师资队伍的教学行为，激励和引导学生学习和实践，是推进创新创业教育发展的重要措施。

（一）大学生创新创业教育评价体系的原则

我国高等教育的评估方针是以评促建、以评促改、以评促管、评建结合、重在建设。通过评估带动学校学科的发展，推动学校的改革和创新，不断提高人才培养质量。因此，大学生创新创业教育评估应当以高等教育的评估为指导，结合创新创业教育的特点开展创新创业教育，评价原则如下：

1. 全面性原则

创新创业教育评估的全面性原则是以创新创业人才培养为目标，在遵循教育内部规律前提下，坚持用全面的观点对教育现象进行多指标的综合分析和判断，力戒片面。在评价时，既要考虑教育内部的评价，也要遵循教育外部规律，密切关注社会反馈。通过高校、企业、社会、学生等的评价，逐步构建科学的、动态的、开放的大学生创新创业教育评价体系。

2. 导向性原则

评估不是目的，通过评价、反馈和调节，思考高等学校开展创新创业教育的质量、存在的不足。更重要的是引导探索如何在全新的创新创业人才培养中对人才培养目标、培养效果等进行评价，这是促进高校结合自身特点、深化教育教学改革、全面探索和构建各具特色的创新创业人才培养模式的过程，有助于创新创业教育的进一步改革，提升创新创业教育水平的台阶。

3. 一般与特殊相结合的原则

一般性是指在教育评价时，必须采用普遍适应的标准。特殊性是指高等学校中研究型和应用型大学、高校软硬件以及教育工作者水平的不同，在学校与学校、教师与教师、学生与学生之间存在差异，实施创新创业教育评估时应分别区分，提出不同要求，不能只搞一个模式，要灵活对待。

（二）大学生创新创业教育评价体系的内容

1. 创新创业教育理念和目标的评价

创新创业教育的理念和培养目标关系到开展创新创业教育的全过程，体现了高等学校深化教学改革，不断探索与实践创新创业教育，培养创新创业型人才的办学指导思想。评价高校的创新创业理念和培养目标主要考察是否体现一个学校的办学思想。

2. 创新创业教育课程设置的评价

创新创业教育必须在课程设计上做到结构合理化、内容主体化、形式多样化。课程设置要体现创新创业教育的特殊性，要促进学生创新创业能力的提高。改革课程结构，要改变只重知识传承和知识教育的单一功能，强化知识结构的完整性，密切教育与社会实践的联系，提高学生终身学习的能力。课程设置在内容上，要有多样化的课程，能够充分发挥学生主动性、积极性和创造性，从而培养学生的观察力、较强的动手能力及勇于探索的精神。

3. 创新创业教育的学业评价

学业评价是教育评价的重要组成部分，创新创业教育中的学生学业评价，主要指学生创新创业能力的评价，是对大学生创新创业活动中的创业行为的价值判断活动。大学生创新创业能力评价是由学生、学校和投资者及政府对大学生创业的各个环节，特别是创业者自身的素质、创业群体的整体水平和创业者所拥有的知识产品或服务的科技含量、市场前景、技术的可靠性等进行评判。对大学生创业后开展的创业能力的评价，有利于对高等学校开展创新创业教育进行评估。

4. 教师创新创业教育能力的评价

教师创新创业教育能力评价就是根据教师的知识、技能、教学成果来对他们的优缺点以及个人价值做出描述和评判的过程。创新创业教育中的教师的评价应当从以下方面来评价：

（1）教师创新创业能力。教师的任务，不仅是教书，更重要的是育人。教师的创新创业能力是创新创业教育的基础，学校一方面要通过一系列手段提高教师的创业能力；另一方面要注重对教师自身创新创业教育的水平进行评价，通过对教师创新创业教育能力的评价，引导教师尝试创新创业实践，提高自己的实践能力，调动教师不断地提高自己的创新创业能力，从而提高教学水平。

（2）科研能力的评价。创新创业教育在我国还处在起步阶段，创新创业教育的方式、方法、教学内容等还有待于进一步的研究，教师必须投入到创新创业教育的研究当中。例如，承担科研课题、参加学术活动、撰写学术论文等。

（3）教学效果的评价。教学效果的评价一般包括基本理论与基本技能，基本理论可以从学生掌握专业知识角度、学生在各级各类竞赛中的表现得以体现。基本技能的评价应更加关注参加创业的水平，以社会评价为主，更能体现教学效果。

（三）大学生创新创业教育评价的主体方式

创新创业教育的评价关系到高校、社会、政府等，既要看高校的创新创业教育理念，也要看大学生的创新创业效果，特别是大学生的创新创业能力的评估。创新创业教育的评估是多元的，评价的角度也是多维的。创新创业教育评价的主体是多方面的，主要有高校评价、政府评价和社会评价，创新创业教育评价应该是政府、高校、企业和学生本人等不同评价主体共同参与，交互作用的。不同的评价主体有不同的创新创业教育价值取向，会产生不同的价值判断，综合不同主体的不同创新创业教育价值判断的合理成分，这样，得到的创新创业教育评价结果更具有全面性和客观性，从而更有利于提高创新创业教育的质量。在创新创业教育评价主体中，高校和学生是最重要的主体，同时也要吸引政府和企业参与创新创业教育评价，增加创新创业教育的反馈渠道，也有利于调动政府和企业积极参加创新创业教育。具体如下：

1. 高校自评

高校自评是创新创业理念最为关键的考核内容之一，它对创新创业教育的全过程具有指导作用，对创新创业教育的效果起着决定性作用，主要是通过学分、课程设置、专项基金培育支持等来体现。创新创业教育理念评价的主要因素和观测点，包括考察学校是否将创新、创造与创业等结合起来，系统地开展普及性的创业教育，以及全方位地进行渗透性的创新创业教育，主要从开展创业计划大赛等创新创业活动进行评价，通过创业实践课程的设置，创业实践的针对性与可行性，校园创业文化、创业者的创业素质等方面来评价创业实践。高校的自评可以根据评价指标，结合本校的实际开展，由本校组成的专家组或外请专家定期或不定期地进行评价，对存在的不足进行改进，以保证创新创业教育的教学质量。

2. 政府评价

政府对高校开展创新创业教育的评价，可以从以下三部分评价：

（1）从大学毕业生的创业率。当前政府每年都对高校大学毕业生进行考察，对创新创业教育的评价可以采用大学生创业率来评价。大学生毕业几年后，经过几年的职业设计，一般具有了较为稳定的职业。这时大学生的创新创业能力就可以从创业人数上来考察，这是评价高校创业教育最为稳妥的指标之一。

（2）从毕业生的创新创业效果。大学毕业生经过几年的创业后，可以从创业项目的领先性、成长性、经济效益与行业分布等来评价毕业生的创业能力。

（3）把创业者为社会提供的社会效益作为评价创业成功的重要指标，创业者为社会提供的就业机会、职工的社会福利、职工的教育培训等是创业者最大的社会效益。政府的评价主要是由教育行政主管部门负责，把评价内容细化，进行量化打分，依据分数高低来判断高校创新创业教育的效果。

3. 社会评价

社会对高校开展创新创业教育的评价是最为科学的评价指标之一，西方很多发达国家对高校的评价都使用毕业生参加工作后的现状来评价高校的教育水平。评价的主要指标如下：

（1）毕业生的综合素质。毕业生综合素质可以从毕业生收集信息、分析问题、解决社会问题、在团队中的作用，以及单位年终考核等多方面来考察。

（2）职业结构与收入。毕业生的职业结构可以看出高校创新创业教育的水平，可以依据毕业生所就业的职业比例，客观地分析出各类大学教育质量。

（3）毕业生的社会影响。毕业生的社会影响的评价应从其所主导的企业在其行业内部的认同感、领袖人物的公众形象等方面来进行。社会评价主要是由用人单位来评判创新创业教育的能力，并由此来判断高校开展创新创业教育的效果，也可以由社会非政府组织来评价高校开展创业教育的效果。

4. 企业评价

企业是大学毕业生主要的接收者，因此有权对创新创业指导效果做出评价。大学毕业生主要的就业方向是企业，因此企业要制定创新创业指导评价标准，对大学生进入企业后的实习期、试用期、正式聘用期的各项能力做出评价。高校则依据企业反馈回来的创新创业指导效果的评价数据对创新创业指导课程体系加以改进和完善。经过这样的一来一回，高校能为企业输送更多的具有高技能、高素质的创业人才。

5. 学生评价

作为创新创业指导内容的接受者，大学生所做出的评价更为直观，也更具主观色彩。他们是创新创业指导的亲历者，能够真实地反映出指导的效果。大学生在不同的创新创业指导阶段会给出不同的评价。对于正在接受创新创业指导的大学生来说，他们通常会从创新创业指导的内容、方式等方面对创新创业指导的效果做出评价；对于接受过创新创业指导的大学生来说，他们通常从获取的知识、技能，参与的实践活动是否能够满足自身需求的角度来评价创新创业指导的效果。虽然两个阶段的评价数据来自不同的维度，但是它们在评价创新创业指导的效果上的重要性是一样的。

第五章 个性化教育背景下高校大学生创新创业能力培养的实践研究

第一节 个性化教育与创新创业能力

高校对大学生创新创业能力的培养离不开个性化教育，个性化教育是现当代大学生发展创新思维、实践创新能力的基础。个性化教育重视学生作为独立个体存在的特性和这种特性在受教育过程中所起到的重要作用，从而促进学生的自信力、创造性、主动性和实践能力，造就具有创新创业能力的新一代价值个体。

一、个性化教育的内涵、目标及具体内容

（一）个性化教育的内涵

个性化教育是一种全新的教育理念，是直接针对当前传统教育的弊端提出的新型教育方式。要理解个性化教育的内涵，首先就要形成认同、尊重和关注人的个性及其发展的新观念。个性化教育是着眼于充分发挥每个人个体性的教育，针对人的个性差异实现人的全面发展，体现人的主体性，激发人的创新性，完善人的独特性，可以说是真正地为实现素质教育而进行的教育方式。由此，个性化教育包括四个层面含义：①教育的人性化、人道化（包括教育的时代背景与教育模式）；②教育的个人化或称个别化（包括教育应考虑个人的生理、心理、年龄特点，考虑个人的天赋、特长、兴趣、爱好，考虑个人的社会志向和职业选择等）；③教育的特色化（包括有个性特色的培养目标、专业设置、科研优势，有个性特色的教学内容、方法、手段等）；④培养良好个性素质全面和谐发展的人。

（二）个性化教育的目标

个性化教育要将社会发展的要求与个体发展的要求相结合，其目标是培养出人格更完

整、知识更全面、能力更突出、身心更健康、阅历更丰富、独立创新能力更强的人才。个性化教育的重点是将学生个体作为教育的根本出发点，有利于大学生独立人格的塑造，能较好地发挥个体性格优势，开发其创造潜力。高校甚至可以通过个性化教育引导和提高大学生的综合素质。要开展个性化教育，必须考虑以下三方面：

第一，尊重学生的个性特点，引导学生发现自我，认识自我，充分挖掘学生的潜能，发展学生多方面能力，尤其要重视培养学生的创新能力，提高学生的专业技能。

第二，人才的最基本素质是成为人，要具备基本的道德规范和开拓进取、团队协作、诚信等基本品质，同时在身体素质和智力发展上有自我完善的能力，能够保持身心健康，这也是个性化教育所要追求的。

第三，人类的最终解放应该是实现个体的自由而全面的发展。因此，个性化教育的目标最终也是促进个体实现自由而全面的发展。总之，个性化教育的总目标应该是培养个性健全，身心健康，富于创造力和实践精神，能够适应社会发展需求的全面发展的人才。

（三）个性化教育的内容

实施个性化教育，在尊重学生个性的基础上，激发他们的学习主动性、积极性和创造性，充分挖掘其创造潜能，是我国高等教育改革发展的时代要求，也是大学培养更多创新人才的迫切需要。个性化教育的内容应包含以下三方面：

1. 促进个体主体意识的形成和确立

人的主体意识是指人对自我主观能动性的认识，是消极地被动地接受自然界，还是积极主动地认识和改造自然界。主体意识的确立，包含对生命价值的认识，对自我存在价值的认识。人的主体意识突出表现为人的创造意识，确定主体意识就是正确认识自我存在价值，理解生命的真谛，正确树立起对理想和信念的追求，保持积极乐观的人生态度，充分发挥创造性和主观能动性，通过教育和实践，促使自己成才。

2. 培养独立人格和良好的心理品质

人格往往包含一个人的性格、气质、能力等内容，通常是指世界观、人生观、价值观的表现形态。培养学生健全、独立的人格，包括培养学生树立远大的理想，培养良好的道德修养和高尚的情操情趣，具有良好的交际能力等。良好的心理品质表现为有健康的心理，能正确认识自我价值，具备稳定的情感和积极的思想观念，具备坚强的意志和高度的责任意识。

3. 发展个性潜能和实现自我价值

在人的全面而自由的发展还不具备现实条件的目前历史阶段，培养一个人的兴趣、爱好和特长，无论对人的发展还是对社会的发展都有重要意义。发展人的个性特长，往往能最有效地、最大限度地开发一个人的个性潜能。学校教育的实质，就在于帮助学生在无数的生活道路中，找到一条最能鲜明地发挥他个人的创造性和个性才能的道路。

总的来说，个性化教育这三方面的内容可以有效提高大学生创新创业能力。原因如下：

个性化教育促进个体主体意识的形成和确立，能激发大学生对创新创业产生积极主动的兴趣，主体意识的加强会使创造意识也随之强化，在清晰的自我认知下明确自己追求的理想，乐观而主动地发挥能动性与创造性，这是创新创业的前提。

培养独立的人格和良好的品质使得大学生三观健康，在高尚的道德修养和情操的影响下，人的思想观念更加正向积极，意志坚强而有责任感，这些正是创新创业所需要的基本素质。

发展个性潜能有助于大学生在创新创业的过程中更多地发挥自身能力，并在此基础上进一步实现自我价值，大学生创新创业就是为了自我价值的实现，个性特长往往是激发潜能的最有效手段。个性化教育重点就在于承认差异、发展个性、发挥自我潜能，而创新创业能力正是个体运用自身特点和已知信息，突破常规，发现新颖独特的新思想、新事物并将其转化为个人和社会价值的能力。因此，个性化教育的内容与大学生创新创业能力培养密不可分。

二、创新创业能力的内涵、目标及具体内容

（一）创新创业能力的基本内涵

要对创新创业能力内涵进行逻辑分析，需要借助于哲学分析的方法。所谓哲学的方法，就是发现事物本质的方法。我们可以从逻辑的角度把创新创业能力区分为创新能力与创业能力两个部分。

创新能力就是从新角度认识事物的能力。它是一种超越于传统认识方式的能力。如果一个人善于从多角度多方面思考问题，就说明创新潜力大。如果一个人始终不能跳出传统的思维框框，因循守旧，那么其创新潜力就弱。那么，创新能力的本质是一种超越自我的能力，它是敢于否定自我的表现，敢于从新角度来审视自我。一个人一旦形成了一个固定想法，就会不自觉地向这个固定想法趋同，不敢打破这种固定的认识，因为他没有发现这种认识的局限。如果他善于反思的话，就会很快地发现这种认识的不足。超越自我，换言之就是发现了新的自我，也即发现了自己新的发展可能性。

创业能力是一个人敢于把自己想法付诸行动的能力，换言之就是一种实践能力。一个人经常会有一些新想法但不会去行动，因为行动意味着必须进行改变自己传统的做法，克服自己对传统的依赖趋势，这种行为习惯改变对自己而言确实挑战非常大。这说明创业能力本质就是实现自我的能力。创新为自我找到了新的发展方向，而创业使人格发展走向完善，实质上是一个成就自我的过程。

一个人之所以具有强大的创新创业动力，在于他发现了自己的成长方向，认识到自己的发展前途，为自己的行为注入了强大的动力。而创业过程就是一个实现自己理想的过程。一个人发现自己的发展方向是在不断试错过程中完成的，其间他不断接受挑战和内心不断经历挣扎，是一个战胜自我的过程，即战胜自己懦弱的一面，强化坚毅的一面，使自己的信心更强。故而，创新创业过程是一个不断建构自我的过程，实质上是一个实现自我主动发展的过程。

人的一切行为从根本上讲都是思想观念的表现，无论是有意识的还是无意识的；而一个人的思想观念又是主体与环境互动的结果，如果没有思想观念作为一个人行动的基础，那么他的行为就是不可理解的。每个人都有多个面相，如既有坚强的一面，也有懦弱的一面；既有阳光的一面，也有阴暗的一面；既有自信的一面，也有自卑的一面，关键是哪一面占据上风。这种表现往往与环境的影响有直接的关系，也与自己人格特质有关，如果一个人生长在一个支持性的氛围中，就更容易展示自己阳光的一面、坚强的一面、自信的一面，否则就会展示出另一面。人的成长过程往往使每个人都呈现出多重人格，而非始终不变的单一面相。每个人都有多重面相，在环境的作用下某些面相得到了强化、某些面相受到了抑制。既不存在天生善良的人，也不存在天生的恶人，一切都是环境熏陶的结果，只是人们意识到或未意识到。

创新创业活动显然需要许多能力相互支持相互配合，不是仅靠某种能力就能够完成，任何一种能力都无法完成创新创业活动。所以，我们通常所说的创新创业能力是一个概括能力、总体能力、系统能力和综合能力，而不是单纯指某一方面的能力。因为创新创业活动几乎涉及所有能力，但不能把所有能力都罗列为创新创业能力。故而，我们在指称创新创业能力时一般只是称其中的关键能力，也即缺乏了那些能力就无法开展创新创业活动，它们是创新创业教育重点培养的能力。

（二）创新创业能力的培养目标

一般来说，创业的最佳年龄在 25 岁到 30 岁之间，这段时期人们的创新思维最为活跃、精力最为充沛、创造欲最旺盛。尤其是在网络软件、广告、策划、咨询、证券、投资等知识密集型行业，重要的是创新发现精神，而年轻人思维活跃、精力旺盛，是最有创新精神的，大学期间的受教育者正符合这些特征。因此，大学生是创新创业能力培养的最佳对象。高校通过对大学生进行创新创业能力的培养，使学生在学校得到的不仅仅是专业的理论知识，还有创新意识和创业能力的综合提高，让学生在走出校门后可以更好地适应瞬息万变的世界。

当下培养大学生创新创业能力的总体目标是根据我国国情，通过高校创业教育、国家政策等途径，以提高大学生创新创业能力为目标，转变观念，掌握自谋职业的技能，使他们更多地从等、靠、要到自主创造，为我国各行各业培养出更多创新型人才。总的来说，大学生创新创业能力的培养目标包括认识能力和实践能力两个方面的内容。其中认识能力涵盖对大学生创新意识、创新思维方式、创新认知和创新精神的培养；实践能力涵盖对大学生动手能力的培养，创业素养的提高和创业潜力的发掘，以及为大学生提供更多的创业实践机会。

（三）创新创业能力的具体内容

实施创新驱动，充分发挥各类人才作用，不断提高创新能力，为经济社会发展提供强有力的科技和智力支撑。坚持开放，以开放促进创新，以创新带动更高水平开放，努力走一条具有特色和优势的发展之路。这是新时期国民经济和社会发展的重要议题。培养大学生创新创业能力可以从提高以下方面着手：

第一，创新性思维能力。创新性思维能力不但包括丰富的实践经验，而且需要扎实的专业知识储备作为依托，以及在知识学习过程中训练出的观察能力、思辨精神和逻辑素养。

第二，实践实验能力。高校教育中创新创业能力的培养可以帮助大学生进行实践，实践教育也是高校创新创业能力培养的重点内容。建立创业实践基地，开设创业实践课程或举行创业实践体验是高校培养大学生创新创业能力不可缺少的内容。

第三，能独立思考、独立判断和独立从事科研活动的能力。高校教育的核心就是培养学生独立思考、判断和行动的能力。创新创业能力培养更离不开这些大学生应该具备的基本素质，它们有助于大学生在创新创业中更好地发挥自身优势，促进创新创业的成功。

第四，学术交流与经验积累能力。这是一个合格的大学毕业生应具备的最基本的能力，没有好的学术交流能力将给大学生日后的创新创业实践带来不可预计的障碍。

第五，学习批判能力。让学生具备质疑、批判的能力，激发其对于所批判的问题解构、改造的热情与决心，在此基础上尝试创新。高校教育中创新创业能力的培养可以锻炼大学生学会从不同的角度看待问题，从而培养勇于改造与创新的心态，并不断摸索尝试，渐渐整合出有别于传统思维和既定模式的创新点。

三、个性化教育理念与创新创业能力培养的关系

个性化教育理念与大学生创新创业能力培养之间有着密不可分的关系，两者相辅相成。个性化教育理念是创新创业能力培养的必要条件，如果个性化教育缺失，创新创业能力培养就无从谈起。创新的基础就是具有主体性的个性化创造，没有个性就没有创新。个性化教育理念指导教育实践，能对大学生创新创业能力培养中的实践训练起到指引与促进作用，而创新创业能力的实践教育经验又促进个性化教育理念的发展和完善。

培养每个大学生个体的创新精神和创新意识，并且能让他们以此为依托具备创业的能力是高校创新创业教育的核心。反之，创新创业能力的培养也有利于大学生个性的发展，使其养成独立思考、独立研究的思维习惯，摆脱传统教育下所养成的长期服从性的弊端。个性化教育在提升大学生创新创业能力中起到了非常重要的作用，是培养创新创业能力的有效手段，具有不可忽视的功能。

（一）个性化教育有助于学生创新思维的培养

个性化教育强调以个体为出发点激发学生的学习兴趣，有助于培养学生的创新思维。在传统的教学模式下，学生常常是被动接受的一方，教师等知识传播者成为掌控话语权的主体。这带来的问题是教师知识传授的深度、进度是不可能适应于每一个学生的。学生个体存在差异，吸收知识、理解问题的能力和思维方式都不会完全一样，尤其在上公共课、大课时学生人数众多，教师更无法照顾到每个学生的个体差异，在这种氛围中大学生的创造潜力和自主学习能力都会受到压制，难以激起他们的学习兴趣，更不要说自主创新的意识了。

与传统教学方式相比，个性化教育更加人性化，不但尊重学生个体差异，而且显示出更多的人文关怀，更能促进学生创新思维的培养。首先，个性化教育关注学生所长，有教无类，注重人人成才的理念；其次，个性化教育关注每个学生的思维特点，关注不同成长环境对学生思维形成的影响，能有效促进学生心智的成熟；最后，个性化教育注重个性化思维训练，例如有意识地锻炼学生的思维方式、辨识与认知问题的能力、找到解决问题的方法等，使其看待问题时能找准主要矛盾和矛盾的主要方面，这些个体思维训练，都可以很好地促进创新认识模式的形成。

在教学中关照到每个个体的需求，是现在高校教育发展的大趋势。它能更有效地提升

教育成果，大学生已经不同于中小学生，他们的思维正处于人生最活跃的阶段，如果教育方式依旧沿袭以中等学生水平为参照的模式，不关注个体差异，绝对会消减处于中等水平两端学生的学习和思考兴趣。个性化教育在尊重每个学生主体的基础上，会关照到每个个体的不同点、兴趣点、优长之处以及思维习惯，根据这些去激发他们兴趣点，锻炼其思维能力，并最大限度地开发其创新的潜力。教师根据学生的个性特点，有针对性地进行观念启发并适时点拨，有助于学生对自己感兴趣的领域和未知的领域进行积极探索，自觉加深对问题的思考，创新精神和创新思维将得到极大激发。在个性发展需要的基础上开展教育，个体创新思维可以得到最好的培养，学生会因此自觉地培养起独立思考习惯和创新思维方式。

（二）个性化教育有助于学生创业能力的培养

个性化教育以尊重学生的个性发展需要为前提，有助于学生在自主学习中提高创新创业能力。个性化的教育方式为大学生提高综合创业能力提供了条件，个性化教育以学生个体性为根本，有尊重学生个性、因材施教、促进自主学习的特点。通过个性化教学指导，教学理念可以更好地融入教学实践中，教师通过有针对性的对应指导，学生通过更适合自己个性和思维方式的学习，可以建立良好的沟通，这让学生更具独立思考、创新思维的能力，具备分析与解决实际问题的创业能力。

在分析、讨论具体知识问题或培育学生创新创业构想方面，让学生充分理解个性化教育理论可以帮助学生根据其意愿了解当前的创业政策，学习创业知识等；在各类创业实践比赛、科技设计大赛中更注重培养学生的个性化思维，可以提高学生的动手能力；个性化教育形式甚至可以灵活多变，针对每个学生的实际的认知和实践短板补课，进行一对一或小团体性质的辅导。由此，个性化教育可实现教学与吸收的双赢效果。它可以做到注重个体的实践应用、促进个体的创新思维，兼具这两点能够有效培养大学生的创新创业能力。

创新创业能力的培养需要激发学生兴趣及创新创业动力，而这些是传统教育方式不能有效达成的。有针对性的、尊重个性发展的教育可以引导学生在有创新创业兴趣和构想的情况下，独立思考创业中需要的问题，通过搜集信息、分析问题、整理逻辑、提出方案、撰写报告和实践实施等一系列过程，对学生综合创业实践能力的锻炼和培养起到良好的作用。

（三）创新创业能力培养促进个性化教育发展

在高等教育阶段，高校对学生创新创业能力的培养，有效促进个性化教育实践的拓展，强化了个性化教育理念。在充分了解个性化教育的优势之后，学生被提升的创新创业能力反过来会影响个性化教育的水平，使其随之也有所提升。

对高校学生进行创新创业能力培养，可以使其在一定程度上对创新创业的认识从思维认知发展到实际着手调查实践的程度。在这个过程中，大学生要经历思考问题，研究问题，调查收集信息，表达、交流意见等多个角度的探索活动。在这一系列的学习研究中，学生自然会从中定位自己的角色，了解自己的长处和短处，甚至发现自己的兴趣和动力来源，进一步认知自身的特点。创新创业培养即成为了一种激发大学生探究发现、交流合作，为实现自己目标而调动起积极性和主动性的教育过程，它能够使大学生的自我认知更加清晰，发挥了激发大学生个性化认知的积极作用，这必定会有效地反作用于高校的个性化教育，并且具有一定的稳定性，催促高校个性化教育的长远发展。

（四）创新创业能力培养丰富个性化教育内容

创新创业能力是大学生进入社会之后的生存之道和发展之本，而实施个性化教育更有利于学生创新创业能力的培养。在贯彻落实创新创业能力培养的举措下，授业者应该在教学过程中开拓学生的思维想象力，使课堂生动有趣，富有启发性和创造性，从而培养学生思维灵活性和独立性。在这一过程中，每一个学生的思维方式，解决问题的方法均会出现差异化。这就迫使创新创业能力的培养需要结合个体的特性去导向开拓，促进个性化教育内容在实践中优化发展并完善。

个性化教育尊崇以个体的兴趣、优势为主攻方向，因材施教，让学生长处更长，优势更优，而创新创业能力的培养也是根据学生个体的兴趣、特长所在，使得学生的主观能动性增强，引导学生融会贯通，学以致用。从本质上说，个性发展和创新创业能力形成具有同时性和共生性。在尊重学生个性特点的基础上，探索有利于充分发挥每个学生创造力和创业能力的教学教育方法，使得个性化教育内容更加丰富有效。

第二节 个性化教育对创新创业能力培养的意义及策略

"随着教育事业的不断进步和发展，国家和社会越来越重视对大学生开展创新创业能力的培养，而将个性化教育融入创新创业教育活动过程中，已经成为教育事业发展的大势所趋。"① 大学生作为一个群体，个体的需求具有多样性，因此，对大学生实施个性化教育可以帮助大学生激发个性和创新意识，从而培养大学生的创新能力和创业能力，提高社会竞争力，促进大学生健康发展。

一、个性化教育对培养大学生创新创业能力的意义

大学生创新能力和创业能力的培养是个性化教育实施的出发点和落脚点，是实施个性化教育的最终目标。对大学生个性化的培养可以激发学生的个性，从而教师可以与学生个性发展的需求相结合实施个性化教育，为学生提供更加具有针对性的指导，提高学生的创新能力和创新意识，帮助学生快速成长。因此，实施个性化教育对培养大学生的创新能力和创业能力具有积极的促进作用。

（一）个性化教育对大学生创新能力的促进作用

个性化教育的实施可以激发大学生的创新意识。大学生是由多个个体组建而成的群体，在这个群体中存在着很多差异。因此，教师在实施教育的过程中应该把握学生的个性差异，在尊重学生主体的前提下帮助学生培养个性。个性化教育模式摒弃了传统教育模式的呆板，更加注重激发学生的主动性与积极性，培养学生的创新能力和创新意识，引导学生独立思考，以锻炼学生的思维探究能力。因此，个性化教育的实施可以促进学生的创新能力。

（二）个性化教育对大学生创业能力的促进作用

大学生要想适应社会，具有竞争优势必须具备一定的创业能力。创业是一项比较有条理、系统性的工作，对于大学生来说，要想提升创业能力不能只具备一种能力。个性化教育的实施可以帮助大学生在激烈的市场竞争中占有一席之地，个性化教育可以引导大学生具有创新创业意识，帮助大学生提高创新创业能力。在个性化视角下，激发学生的个性，让学生展示出自己与众不同的一面，可以全面调动大学生的个性化需求，从而促进大学生的创新创业能力提高。

（三）个性化教育促进现代化教育理论体系的多样化

在不同的发展阶段，个性化教育在不同国家有着不同的理论体系，随着时代的发展与

① 仲旦彦，闫秋羽. 个性化教育视域下大学生创新创业能力培养分析[J]. 创新创业理论研究与实践，2022，5（03）：123.

进步，对个性化教育有了更高层次的要求。传统的教育方法中，教师更注重培养基础扎实的人才，大学生毕业后属于分配式就业，学生具备适应工作的能力就可以。而在社会竞争日益激烈的今天，社会对人才的要求越来越高，由于很多公司招聘员工需要的是复合型人才，这就导致很多只具备单一技能的大学生走向毕业即失业的局面。因此，个性化教育视角下，大学生可以不断提高创新精神，让大学生在社会竞争激烈的今天可以具备多项技能，大学生提升创新创业能力，适应了社会发展的客观要求，对现代化教育理论体系的多样化起到了积极的促进作用。

二、个性化教育视角下大学生创新创业能力的培养策略

个性化教育视角下，通过激发学生个性，可以为大学生提供具有针对性的指导，帮助大学生锻炼思维能力，更好地展现学生的个性化，从而提高创新能力、优化创业能力。

（一）重视大学生的主体地位，激发创新创业意识

兴趣是最好的老师，大学生要想创新创业成功必须要对自己所做的事有浓厚的兴趣，只有具有兴趣才能更好地进行创新创业，才能将事业坚持到最后。很多大学生在毕业之后都经历过创业的艰辛，大多数学生都选择中途放弃。导致大学生最终没有创业成功的原因有很多：一方面，大学生对自身的创业能力没有一个清楚的认识，在校期间没有做好能力培养；另一方面，大学生没有接受到个性化教育，限制了个性化的发挥。

各大院校在培养大学生创新创业能力的过程中，需要充分了解大学生的自身需求，并做到尊重大学生个性化发展，让大学生在接受教育的过程中居于主体地位，可以适当地与一些人文关怀的理念做有机结合，更能激发大学生的创新意识和创业意识，满足学生的个性化需求。因此，教师应该重视对学生的个性化教育，提高学生的创新能力，优化创业能力。教师在实际教学的过程中，应该转变传统的教学模式，将学生作为教学课堂的主体，一切教学活动以学生为中心展开，同时能够结合学生的个性化需求，为学生提供具有针对性的指导。除此之外，教师需要尊重学生的个性化，突出学生的个性，让学生提高自我认知能力，发现自己的亮点，激发自己身上的潜能，从而能够更好地做到创新创业。

（二）优化教学模式及制度，培养大学生的创新思维

个性化教育的发展，需要新的教学模式和教学制度的配合，由于教育制度不够完善，很多大学生受到自身专业的限制，无法提升创新创业能力。很多大学生的专业优势不明显，学生在学习的过程中又缺乏兴趣，这就限制了学生个性化的发挥。因此，在个性化教

育的视角下，必须优化教学制度，为培养学生的创新创业能力提供更多可能性。例如，很多学生在选择专业时是比较盲目的，有的学生对所学专业不太擅长，学校可以在安排学生专业课的基础上增加一些选修课，学生可以根据自己的兴趣进行自由选择。除此之外，学校还可以根据学生的学习情况给予深入学习的机会，成绩优异的学生还可以获得相应的资格证书。例如，酒店管理专业的大一学生可以通过学习有关旅游管理方面的知识，在步入第二学年的时候，学生可以通过考试的方式，通过各项专业的考察，取得优异的成绩，学校可以根据学生的学习情况安排进行跨专业学习，之后可以根据学生个人意愿正式调整为旅游管理专业，毕业后可以颁发旅游管理专业证书。在实践教学的过程中不难发现，大学生自主选择和自主学习有利于实现学习能力的最大化，可以帮助学生提高创新思维能力，从而提高创新创业能力。

（三）实施阶段性教育，提高大学生的创新创业能力

在个性化教育视角下，注重阶段性教育的实施，帮助学生具备自我总结意识可以帮助大学生更好地提升创新创业能力。许多大学生在刚进入校园时都处于迷茫的状态，不能很快地适应新环境，因此，阶段性教育的实施可以帮助学生个性化地发展，学生在经过一段时间的学习后，可以根据自身的学习情况对自己进行总结，同时方便学生了解自己的喜好及时地调整自己的发展方向。例如，学生在刚步入大一时可以激发学生的创新意识，提高学生的自我调节能力，合理安排学习时间和业余时间，帮助学生培养兴趣爱好，这样学生在步入大二阶段的同时，就可以根据自己的兴趣爱好进行跨专业学习，丰富自身能力。因此，在个性化教育的实施过程中应该注重阶段性教育，提高学生的创新创业能力。

（四）加强大学生个性化教育管理，营造个性化氛围

个性化教育的管理对大学生创新创业能力的培养具有积极的促进作用，因此，教师需要不断为大学生营造一个积极向上的教学氛围，帮助大学生培养个性化能力。在个性化教育的视角下，学校应该不断地加强对大学生个性化教育的管理，制定标准的个性化管理体系，管理人员需要时刻具备个性化管理的责任意识，加强制度建设。与此同时，教师应该加强培养大学生个性化意识，转变个性化教育观念，提升教师实施个性化教育的专业素养。教师在实施个性化教育的过程中需要不断地加强学生在教学课堂中的主体地位，以大学生为中心展开个性化教育，帮助学生培养创新创业能力。

（五）搭建创新创业平台，完善创业培训基地

在社会主义现代化建设的新时代，各个大学院校必须重视对学生的个性化培养。学校

应该为大学生提供多样化的创新创业基地，结合学校和大学生自身的实际情况，为大学生提供专门的培训导师，教师利用专业技能主导学生建设专项技术队伍，并组织学生参加各项竞赛活动，组织学生加入个性化项目小组，对大学生的创新创业行为给予物质支持和精神鼓励，让大学生可以借助创业基地的技术支持，充分利用创业基地优势，加强与外界社会组织之间的联系。除此之外，学校应该及时整合及优化社会的各项创业资源，激发大学生的创新创业意识，为大学生的创新创业提供有效的保障。

（六）提供优秀师资队伍，增强学生创新创业能力

教师专业的技术能力和较高的创新创业素质是帮助大学生培养创新创业能力的关键，同时也是实现大学生创新创业成功的关键。各个大学院校可以将学校内有经验的创新创业教师进行组合，从而建立一支优秀的师资团队，为大学生提供耐心的讲解和专业化的指导。与此同时，教师需要加强创新创业教育的教授技能，建立完善的创新创业教育体系，帮助学生对创新创业有更深入的了解与认识，学生可以在掌握基础创业知识的前提下，形成一个完整科学的创新创业知识结构，增强大学生的创新创业意识，从而提高创新创业能力。

除此之外，学校可以定期安排校外的优秀创业企业家或是学校培养的创业成功人士进入校园开设创业讲座，学生可以通过讲座与优秀企业家进行交流沟通，在听讲座的过程中遇到问题可以及时提问，企业家可以针对问题进行及时解答，学生也可以自己对未来做一个规划，向专家请教，从而为学生提供专业的指导，提高大学生创业的积极性与主动性。专家讲座除了一些专业的创新创业知识外，还可以讲一些自己的创业坎坷，以及在创业过程中坚持不懈和吃苦耐劳的精神，为大学生的创业持久性打下坚实的基础。

第三节 个性化教育背景下大学生创新创业能力的培养路径

培养高校大学生的创新创业能力是一项系统工程。怎样更好地培养大学生创新创业能力是目前中国高校教育需要探索的重点问题，个性化教育是其中不可忽视的出发点和成功培养大学生创新创业能力的主要途径。高等学校应从个性化教育视角出发，立足本地区、本学校甚至本专业的实际，努力探索提高大学生创新创业能力的有效途径。

一、遵循人才成长多样化规律，强化创新创业能力培养

（一）更新教育理念，服务学生个性发展

个性化教育，是以人的个性发展为出发点来展开的教育模式。其实，中国的个性化教育自古就有，如儒家的代表人物孔子就曾兴办私学，门人弟子也是各种身份地位的人都有，且智慧和见识也各不相同，基于这种情况，孔子针对不同的人，采取不同的教育方式，而这也打开个性化教育的先河。在当今社会，个性化教育不仅成了时代发展的需要，更是教育自身发展的需要。在这一过程中，人的主体地位得到了极大的重视，个性化诉求也越来越强烈。从这个意义上来讲，现代高等教育的个性化诉求，并不单单是教育内部的原因所导致的，而更多的是社会发展的需要和人自身发展的需求等多重因素共同作用的结果。同时，这与国家所提倡的以人为本，促进经济社会和人的全面发展的科学发展观理念也是相辅相成的。创新人才培养模式，使得学生个性得到解放和发展，是当代高校落实以人为本的科学发展观的重要举措。

家庭因素对当代大学生的创新创业也有着重要的影响作用。如大学生的家庭背景情况以及大学生自身家庭对于其进行创新创业活动的支持度都对大学生的创新创业态度有着重要的影响。许多家庭背景比较好的大学生，因为父辈们的努力奋斗积累下了丰富的资本，父母担心孩子在外创业吃苦受累，所以更希望孩子可以有一个稳定的工作，在这种情况下许多学生的创业意识相对较低。反过来如果家庭鼓励和支持大学生勇于挑战自我、积极创新创业，这样的学生在创业时就会怀有更加积极乐观的态度，敢于去直面创业中的无数艰辛和困难。另外家庭环境对创业意识的影响还体现在大学生父母们是否有创业经历，如果其父母是个体或企业主，那么他们孩子的创业意识就相对较高。因此家庭观念的更新对于大学生的个性发展和创新创业意识的增强也有着十分重要的作用。

（二）改革指导方式，激发学生主观能动性

在指导方式上，要改变传统被动地指导学生的方式，调动学生主动参与进来。传统的高等教育，学生在课堂上更多的是听老师灌输知识，在现代高校课堂上，老师应该改灌输式的直接教育为引导式的间接教育，这样学生就有更多的时间去主动学习和思考，有助于学生个性和创新性的培养。

可见，只有当高等教育真正把学生当作主体，充分地释放学生的主体个性之后，学生的创造性才会被无限地激发开来。人的一生，最关键的正是学生阶段，中小学义务教育更

多的是学习实用性的知识和技能，学生在进入大学之后，才真正开始释放自己的个性，进而发挥自己的创新能力。如果一个学生的个性得到了充分的发挥，那么他的创新能力随之也会得到很好的发挥。

总之，在高等教育中，学生理应成为教育的主体。只有这样，才能重视到每个学生的个性差异，进而学生的个性才能得到充分发挥，最终成长为个性独立，极富创造力的人才，从而使学生的创新创业能力得到极大的提高。

二、加强大学生创造性思维训练，挖掘创新创业潜力

创造性思维，是指思维的一种高级别的综合性活动，是创造者根据自己所拥有的知识和经验，进一步找到事物之间的新的关系，进而得出新结论、获得新成果的综合思维过程。虽然创造性思维具有多种含义，但这里主要强调的是普遍意义上的高校创造教育及在课程教育下的创造性思维培养，其目标主要是培养高校学生的创造意识，从而激发其创新潜力，进而使得其成为创新型人才。其创造教育的内容主要包括对创造思维自身的知识进行学习以及对学习创造性思维实践能力的培养，并且从内容上来讲，二者是一个协调统一的整体。

对于大学生创造性思维的培养，国内外大学都在积极探索相关的途径，如 SRT 计划（Student Research Training）便是其中一种。SRT 计划是高校为了加强培养学生创新意识和创新能力，从而使得本科生能尽早接受科研训练，以及了解工业现状和社会实际情况，从而激发其创造性思维。SRT 计划能使学生在导师指导下以我为主，开展一些初步探索性研究工作，使学生早日进入专业领域，受到科研工作的训练。这种带有独立性的工作方式对于培养学生的创造性大有益处。当然，SRT 计划只能算是一种尝试，高校要对学生进行创造性教育，培养学生的创造性思维，这不是一件一蹴而就的事情，而是一项具有系统性和长期性的事情。

（一）完善高校创造性教育课程体系

目前我国大多数高校都存在着创造性教育成效不佳的情况，从整体来看，都存在着管理欠规范、创造教育思想因循守旧的问题，从而极大地阻碍学生创造性思维的发展。面对这种情况，高校在创造性教育上要明确创造性教育的人才培养目标，更新创造性教育人才的培养理念，不仅仅把创造性教育的目标定位于学生科学文化知识的学习和创新就业能力的提高，更应该培养德才兼备的适应社会主义现代化建设的新型人才。基于以上的原因，高校已经在逐步开设创造学的课程，进而提高学生的创造性思维。另外，创造性人才的培

养不仅要结合国内的社会经济发展情况，也要重视对国际上创造性教育的吸收和借鉴。

（二）搭建创新创业实训平台

学生要树立理论和实践相结合的学习理念。这是因为对于高校学生来说，其创造性思维是由理论思维和实践能力两方面相结合进而培养出来的。但是实际情况却显然不是这样，部分高校在对学生的培养中理论和实际严重地脱节，这就导致大多数学生在具体的实践中早已将自己所学的创造性思维抛到一边。另外，即使是课堂上的理论学习，也因为教学时长的关系，不能做到十分完备，面对这种情况，高校学生在面对所开设的学习科目的时候都应该积极主动地用创造性的思维去进行再思考，进而得出新的解决问题的方法。

对于理工科的学生来说，要珍惜和充分利用自己的试验机会，在实验中积极运用创造性思维去思考和解决问题，激发自身的创造潜力；对于文科生来说，要做到熟练掌握自己专业的知识和技能，在此基础上进行多学科的交叉学习，进而培养自身的创造性思维能力。另外虽然学生身处学校，但是还是有一定的机会和社会接触，因此在与社会接触的过程中也要充分运用创造性思维去分析和解决问题。

对于高校来说，就要搭建好理论和实践相结合的创新创业平台，从而确保大学生有更多的机会在社会、行业和市场中去操盘练手。如创办大学生创业园，给有志于创新创业的大学生提供充分的实践创业机会。大学生创业园对于大学生来说具有非凡的意义。

首先，它作为大学生创业的孵化基地，为大学生创新创业能力提供了一个十分重要的实践平台；其次，它是大学生创业教育的课堂、创业实践的本营，是检验创新创业教育效果的最佳舞台；最后，高校和政府、社会机构应该积极地致力于学生创业园的建造，并通过大学生创业园的信息反馈，与社会金融服务机构、创业培训机构、创业资质评定机构、创业者校友联合会等机构进行联系、沟通、协作，提升创新创业的认可度和支持度，形成和谐、有力的社会支撑服务体系和评价体系。

高校也可以建设互联网"中小项目交易平台"，可以使企业需求与大学生的创业项目良好地相互对接，实现互惠互利，这样就可以充分发挥网络优势把校外科技研发和创业合作有效结合起来，通过创业服务基地，注册的企业进行资质审核及认证，鼓励和支持有创造科技特长、创业意向的大学生组成团队去承接企业需求的中小项目研发和营销等市场经济活动。

总之，高校学生要抓住机会积极主动地去培养自身的创造性思维能力，提高其本身的创新创业能力，进而适应未来的社会发展需求，在激烈的社会竞争中占据一席之地。

三、实施分层分阶段培养，提高大学生创新创业能力

针对不同阶段学生的不同情况进行相应的培养，才能更有效地提高大学生的创新创业能力。

（一）针对学生素质差异，实施分层培养

回到高等教育本身，对于学生素质的差异，可以采用分层培养的方式，这样既能很好地落实教学计划，又能满足不同素质的学生发展要求，更是对个性化教育的实践。学生在学习中无法取得优异成绩，主要原因不是学生能力欠缺，而是由于未得到适当的教学条件和合理的教学帮助。假如在面对学生素质差异很大的情况下，高等教育依旧采取一刀切的方法，用相同的方式去教学，那么学生之间的差异会更加巨大，久而久之，跟不上教学进度的学生就会对学习失去兴趣，进而一蹶不振，对于未来的就业造成很大的心理负担。而只有采取分层培养，才能有效地避免这种情况，这一点，在西藏民族大学的教学实践中，就得到了很好的落实。西藏民族大学的生源有区外生源和藏区生源，因此二者素质差异较大，针对这种情况，学校对区内和区外的生源采取了两套培养方案，有学术理论型的，也有实际应用型的。这样将区外学生定位为学术理论型，将藏区的学生定位为实际应用型，很好地结合了西藏当地经济社会发展的需要，极大地满足了藏区对于人才的要求标准。而对于区外生源，因为其毕业后主要回归区外，因此在培养的过程中采取和区外院校同步的标准，从而使得区外的生源在毕业之后具有很强的就业优势。这样一来，就使得学生教育很好地做到了分层学习，分级就业。

（二）针对学生成长特点，实施分阶段培养

对于学生成长特点，在个性化教育的前提下，可以在不同的阶段对学生进行分阶段的创新创业培养。对于刚进入大学的新生，因为还没有适应大学的生活，对于自身的发展目标和就业方向都没有明确的认识，这一时期对于学生的创新创业教育应该以引导为主，引导学生进行创新性思维的学习和树立明确的创业方向，进而根据自己的实际情况制订自己的大学学习规划。到了大二、大三之后，因为学生自身已经适应了大学的学习和生活，对自身的兴趣爱好、专业技能学习情况以及将来的就业方向都有了较为清晰的认识，因此在这一时期应该对学生进行全面且深入的创新创业教育，增强学生的创新创业能力。到了大四，这一时期学生对于自身的学习程度已经有了一个全面的把握，而自身的创新创业能力也有了一定的提高，到了这个阶段，就应该多鼓励学生去参与更多的社会实践，一方面用

于实践自身的创新创业能力，另一方面也为自己今后就业积累一定的社会经验。

从学生角度来讲，大一是其起步阶段，在这一阶段学生就要开始接触职业规划的概念，进行初步的职业生涯设计；到了大二，是其创新创业能力孵化的重要阶段，在这一阶段，大学生们要正确认识自己的需要和兴趣，确定自己的价值观、动机和抱负；进入大三，就要学会不断推广自己。其间可以参加与专业有关的短期工作，学习写简历、求职信等求职技巧，了解搜集就业信息的渠道，并积极向已经毕业的校友了解往年求职情况，如果有相应的就业机会要去积极尝试；到了大四，经过三年的充分积累，已经到了要进入社会占领市场的阶段，这时候就要积极利用学校提供的各种有利信息，了解用人公司的相关情况，同时强化自身的求职技巧，为入职做最充分的准备。

四、深化个性化的教育理念，增强高校创新创业氛围

（一）创设个性化的教育教学环境

高校要创设个性化的教育教学环境，要从以下方面做起：

1. 创新教学模式

创新教育教学，就是要转变以往的以教和传授为中心的教学管理模式，改为以学生的个性成长和创新创业的培养为中心，进而全面提高学生的创新创业能力。

2. 完善科研制度

科研是培养学生个性，提高学生创新创业能力的重要途径。要完善科研制度，首先要优化学生的课程设置，积极吸纳学生参与老师的课题研究。另外，在课堂教学的环节中，也要增加研究性的教学和互动式的培养方式，开拓学生的思路，锻炼学生解决问题的能力。更为重要的一点是，学校本身要大力支持学生参与相关的科研项目，并给予一定的专业指导和经费支持，这样一来，学生的自我创新能力就会得到一个大的提升，有利于今后的就业创业。

3. 推广和完善访学制度

访学是学生更深入地接触前沿学术、开拓自我的学术视野，以及增强跨学科和跨文化交流和理解的重要途径，对于学生的创新创业能力培养有着重要的作用。当然，访学也要根据各自高校的具体情况，从自身的实际出发，建立适合各自发展的路径，与更多的国内外高校进行更多的交流和合作，从而为学生提供更多的在国内外高校间相互交流的机会。同时，访学更要在访学项目上下功夫，提高项目本身的学术价值和创新性，这样才能使得

出访的学生有真正的机会去接触高水平的科研项目，并亲自参与到项目的进程中，最终使得自我的科研能力有根本性的提高。

4. 改革教学评价方式

教学评价，对于衡量高校教师的教学水平以及学生的学习水平有着重要的作用。如果教学评价让教师和学生接受和认可，那么不单有利于教师进一步开展自己的教学方案，也对于引导学生的个性发展有着重要作用。如果教学评价不当，那么对于教师教学和学生学习都是一个严重阻碍。要对目前的教学评价进行改革，首先，要改结果评价为综合评价，把评价的着重点放在对教学质量的矫正和调控上，这样才能起到提高教师的教学水平和真正培养学生的目的；其次，在评价的依据上要更多地考虑学生的创新思维能力和自我实践能力，而不能一味地只考察最终的分数；最后，可以尝试新的学生评价和考核方式，如在坚持传统的学生评价和考核方式的同时，用学生的创新成果或创新创业项目来代替学生的毕业设计或毕业论文，这样更能激发学生的创造性思维，促使其更加积极主动地去进行创新创业。

（二）建立创新创业激励机制

激励对一个人的潜力发挥有着重要的作用。正面地激励一个学生，不仅能使得学生发现自己潜在的能力，进一步认识到自我的潜能，还能激励其有更加坚定的信心走上创新创业的道路。

1. 实行创新创业的激励体制

高校应实行创新创业的激励体制，积极鼓励学生学习动手实践。就现阶段的高校学生而言，在学校的学习还是以理论学习为主，缺乏充足的实践机会。创新创业的兴趣，更多的是在实践中慢慢地产生出来的。因此，高校应该给予学生更多的实践机会，如让学生可以有机会参与到学校的日常事务中，甚至是管理中去，以此来加强学生的实践能力，激发其对于工作的热情。总的来说，学生对于自己学校给予的工作锻炼机会还是非常有参与的积极性的，也十分愿意为自己的学校和自己的同学贡献自己的一份力量。在这一情况下，学校就要有针对性地安排学生参与到学校的日常事务和管理中，充分考虑到参与学生的个人兴趣和特长，坚持自愿选择的原则，以便激发参与学生的积极性。同时，也要考虑到给予学生所安排的工作既要和参与学生本身的能力相适应，又要有一定的挑战性，这样才能起到很好的锻炼作用。

另外，还可以把一些学校相对重要职务的选择条件和学生的创新创业成果结合起来，这就更加促进了学生参与创新创业的积极性。在参与中，学生自己受到了身边同学和老师的赞赏，也满足了实现自我价值的需要。选拔本身对于学生来说也是一种认可，这样既可以在精神上给予学生一定的激励，又能激发学生自身的责任感以及增强学生自我实践的能力。学校要积极促成学生的校内创业与社会的真正接触，发挥自身的桥梁作用，引领学生的创业项目走出校门和社会上的企业进行合作。而对于没有进行自我创业的学生，学校也要积极引导学生利用课余时间和假期时间，参与到社会的实践中去。在实践中所取得的成绩，学校应该给予一定的表彰。通过这一系列的活动，学生对于自我创新创业的能力有了更加深入的认识，进而明确了接下来自己的学习中要努力的方向，也为自己将来的就业增添了许多竞争优势，有利于将来更轻松地找到适合自己的就业机会。

2. 设立创新创业奖学金

高校要设立创新创业奖学金，专门用于学生自我的创新创业以及校企合作就业实践。作为大学生，还没有稳定的经济来源，仅有创新创业的想法是不足以完成自己的创业实践的，创新创业过程中的资金扶持同样重要。在这一方面，国外大学就做得非常好，他们设置有各种类型的奖学金，学生们可以根据自己的实际情况去申请适合自己的奖学金，并且在数量上没有限制条件，只要符合要求就可以申请。因此，国内高校也可以设立相应的创新创业奖学金以及微小企业奖学金等，鼓励学生发挥自己的创新创业特长。

（三）打造专业的创新创业导师队伍

要培养创新型的人才，对于高校来说，拥有一支创新教育团队是十分必要的，这就需要高校建立一支多学科综合的教师队伍。创新教育是一个系统性的教育，它需要多学科、多层次的综合教育，需要在教学过程中纳入各类社会科学知识。显然单一的学科已经无法满足创新创业的教育要求，这就要求综合多学科的教师，以及从社会中聘请相应的企业家和创业先进分子等，组成一个综合的教育团队，来对学生进行更好更全面的创业教育和相应的实践指导。对于这个教育团队来说，他们既相互分工又相互合作，以便最终完成教学任务。

同时高校对于自己的创新教育队伍要加大培训的力度，并创造条件让教师们去亲自体验创新创业的过程，进一步提高自身的理论水平和实践能力。这一方面，教育部本身也在下大力气来抓，比如教育部每年都会在各个高校抽调骨干教师参与创业教育骨干教师培训班，在培训中有相关的创业教育领域的专家学者来讲授国内外高校的创新创业教育的相关经验，让各个高校的创新创业教师更加全面深刻地认识国内外先进的创业教育方法，以便提高自身的教育培训能力。对于外聘的社会各界企业家和创业先进分子，他们将从各种熟悉的领域对学生进行专业且深入的创业实践指导。此外还可以邀请政府部门的创业政策相关负责人为学生讲解国家的相关创业政策，引导学生进行创业实践。

（四）深化校园创新创业文化建设

校园文化建设是培养创新型人才和大学生创业教育重要而有效的途径，校园文化对于学生的个性发展和创新创业教育都有着重要的促进作用。

1. 校园文化为学生的创新创业打下基础

发挥校园文化的作用，主要从以下方面做起：

（1）重视校园的环境文化。只有做到个性化的校园建设，才能充分发挥环境资源本身的教育价值，从而为学生的个性化成长营造良好的氛围。如对校园人文历史遗迹进行深入的发掘，既可以增强学校的文化内涵，又可以突出学校的个性特色。同时，学校的建设在很大程度上也体现了一个地区的地域性特点，并在对这一地区的历史文化的继承和发展中形成了自身的个性特点。深入发掘校园的人文历史遗迹，就可以使得学生更直观地了解这一地区的地域特色，使得学生更容易融入这一地区，将有利于今后的创业就业。同时，也要重视校园的文化导向作用，如设立具有创新性的浮雕、石雕等，久而久之对于学生都有着潜移默化的教育作用，能潜在地激发学生的创新意识，使得其更加主动地投入到创新学习中去。

（2）重视校园的网络文化。在现在这个时代，信息高速发展，网络已经成为人们的生活、学习中不可分割的一部分，深入了每个人的生活。对于校园网络生活来说，它是网络与学校生活结合起来而形成的一种新的生活形态和网络形态，是对传统的校园文化生活的进一步丰富和补充。随着网络的发展和快速传播，网络本身具有了极强的影响力，网络文化已经成为了一种新的文化形态，对于人们的精神生活有着重要的影响作用。同时，要宣传学生的创新创业教育先进事迹，激发学生的创新创业教育热情，也可把创新创业教育加入到自媒体中进行宣传，扩大宣传路径，进一步强化校园网络文化对于创新创业教育的引导功能。

2. 校园文化带动学生进行创新创业活动

一方面，可以通过举办校园创新创业大赛，进行创新创业项目评比，直接引导学生参与创新创业活动。参与创新创业大赛，对于学生的自主创新能力和决策能力等都能起到一定的锻炼作用。同时通过创业大赛的比拼，一部分学生还可以获得相应的创业奖金，使得其创新想法进一步变成创业现实。

另一方面，还可以通过在校园建立创新创业社团。如提供相应的场所和活动经费，并委派专业的创新创业教师对创业社团的相关活动进行科学的指导。另外，高校也可以利用自身的资源优势为创业社团和社会上的优质企业进行牵线搭桥，让高校的创新社团走出去。

大学生创新创业教育离不开校园文化建设这一培养平台，应该紧密结合学校工作实际，坚持科学为本、创新为先、成才为导、实践为基的工作理念，形成与创新创业教育相匹配的校园精神文化、学术文化、行为文化、物质文化。校园应发挥校园创业文化在宣传创业、鼓励创业、引导创业方面的核心作用。同时，大学生创新创业能力的培养需要全校师生的共同努力，这样才能营造出独具特色的校园文化。

参考文献

[1] 陈爱雪."互联网+"背景下大学生创新创业教育的新模式探究[J].黑龙江高教研究,2017（4）：142-144.

[2] 程舟珊,段翔."互联网+"视域下大学生创新创业途径探究[J].中国成人教育,2020（2）：41-43.

[3] 杜天宝,于纯浩,温卓.大学生创新创业政策扶持体系优化研究[J].经济纵横,2019（9）：88-94.

[4] 杜先颖.大学生创新创业精神培育研究［D].天津：天津工业大学,2018：14-18.

[5] 葛茂奎,孟凡琦,杨阿滨,等.高校大学生创新创业教育课程体系的构建研究[J].经济师,2020（08）：144-145.

[6] 郭传章,陈宏威.大学生创新创业教育与实践能力培养研究[J].中国商论,2016（21）：183-184.

[7] 韩立.大学生创新创业能力现状及培养路径[J].中国高校科技,2017（1）：121-123.

[8] 胡方方."互联网+"背景下大学生创新创业模式研究［D].洛阳：河南科技大学,2018：13-18,20-30.

[9] 胡勇,关天聪,谭永奖,李志辉.高职院校创新创业素质人才培养研究与实践[J].职业技术,2017,16（08）：36-38.

[10] 金冬梅,李丹,张富芹.大学生创新创业素质的模型建构及其培养路径探讨[J].福建茶叶,2020,42（02）：4.

[11] 李明慧.大学生创新创业理论与技能指导［M].成都：四川大学出版社,2021.

[12] 李士晓.大学生创新创业能力培养研究[J].学校党建与思想教育,2017（6）：48-49.

[13] 李世佼.大学生创新创业教育体系的构建[J].黑龙江高教研究,2011（9）：119-121.

[14] 林秋君.新时代大学生创新创业精神培育与能力提升研究［D].重庆：重庆交通大

学，2018：28-39.

［15］刘宝忠. 大学生创新创业精神培育研究［D］. 牡丹江：牡丹江师范学院，2019：15-20，28-40.

［16］刘伟. 高校创新创业教育人才培养体系构建的思考［J］. 教育科学，2011，27（5）：64-67.

［17］刘玉. 大学生创新创业精神培育研究［D］. 成都：西南石油大学，2017：3-19.

［18］陆相欣，许述敏. 大学生创新创业基础［M］. 武汉：华中师范大学出版社，2019.

［19］栾海清，薛晓阳. 大学生创新创业能力培养机制：审视与改进［J］. 中国高等教育，2022（12）：59-61.

［20］吕程慧. 大学生创新创业素质培养路径研究［D］. 南充：西华师范大学，2017：14-19，39-44.

［21］马锐. 高校如何加强大学生创新创业能力培养［J］. 福建茶叶，2020，42（1）：179-180.

［22］饶莹心. 大学生创新创业教育的困境、原因及优化路径［J］. 教育与职业，2017（14）：80-83.

［23］申庆晓，路璐. 大学生创新创业教育体系构建研究［J］. 就业与保障，2021（12）：74-75.

［24］沈雯. 互联网时代高校大学生创新创业能力培养的问题与对策研究［D］. 南昌：南昌大学，2017：14-16，23-50.

［25］石娟. "互联网+"视域下大学生创新创业的机遇与挑战［D］. 成都：四川师范大学，2017：12-14，19-22，27-36，41-51.

［26］宋旭，吴嫒. 以创新创业能力培养为目标的高校实践教学体系构建［J］. 中国成人教育，2018（24）：101-103.

［27］宋妍，王占仁. 论当代大学生创新创业价值观的引领［J］. 国家教育行政学院学报，2017（11）：52-57.

［28］宋艺文. 高校大学生创新创业能力培育路径研究［J］. 中国商论，2021（12）：185-187.

［29］王东海. 新时代大学生创新创业素质教育研究［J］. 教育文化论坛，2018，10（05）：3.

［30］王洪才，郑雅倩. 大学生创新创业能力测量及发展特征研究［J］. 华中师范大学学报（人文社会科学版），2022，61（3）：155-165.

［31］王璐. 个性化教育视角下大学生创新创业能力培养策略探讨［J］. 科技资讯，2020，

18（36）：209-212.

[32] 王生龙. 高校创新创业实践教学研究 [D]. 北京：北京邮电大学，2018：12-16.

[33] 王玉卓，李志波. 大学生创新创业教育研究[J]. 中国商论，2016（35）：190-191.

[34] 王越，万经花. 以创新创业能力为核心的高校人才培养路径探析[J]. 商业会计，2016（8）：121-123.

[35] 文丰安. 我国高校创新创业型人才培养的理性审视[J]. 河南社会科学，2011，19（2）：212-214.

[36] 吴欣遥，陈晓辉. 高校共青团促进大学生创新创业的新思考[J]. 中国成人教育，2017（17）：80-82.

[37] 吴紫青. "互联网+"时代大学生创新创业模式研究[J]. 质量与市场，2021（14）：139-141.

[38] 熊毅，杜朝运. 构建大学生创新创业生态系统[J]. 开放导报，2016（6）：61-65.

[39] 徐波. 大学生创新创业教育体系构建研究 [D]. 广州：广东财经大学，2018：18-49.

[40] 尹翔，郗芙蓉. 大学生创新创业人才培养体系构建[J]. 中国高校科技，2015（3）：75-77.

[41] 袁南辉. "互联网+"背景下大学生创新创业能力培养实践研究[J]. 广东技术师范大学学报，2021，42（05）：100-105.

[42] 张媚. 个性化教育视角下大学生创新创业能力培养研究 [D]. 西安：长安大学，2016：8-10，17-25，29-48.

[43] 张玉波. 高校大学生创新创业能力培养的研究与实践[J]. 安徽职业技术学院学报，2021，20（02）：76-80.

[44] 张玉芳，张吉国，刘群，等. 高校创新创业实践教学的实践与强化[J]. 实验室科学，2020，23（03）：143-149.

[45] 郑海云. 培养大学生创新创业能力的课程体系构建[J]. 山西青年，2022（19）：145.

[46] 仲旦彦，闫秋羽. 个性化教育视域下大学生创新创业能力培养分析[J]. 创新创业理论研究与实践，2022，5（03）：123-125.

[47] 周春蕾. 高校大学生创新创业能力培养策略探究[J]. 中国商论，2018（19）：181-182.

[48] 朱涛. 高等体育院校大学生创新创业支持系统评价指标体系构建 [D]. 济南：山东体育学院，2021：27-30.